/ 100

为新中国成立作出突出贡献的英雄模范人物/

罗 炳 辉

李成禹/编著

★

吉林文史出版社

图书在版编目（CIP）数据

罗炳辉 / 李成禹编著. -- 长春：吉林文史出版社，
2011.4（2022.4重印）
（100位为新中国成立作出突出贡献的英雄模范人物）
ISBN 978-7-5472-0557-0

Ⅰ．①罗… Ⅱ．①李… Ⅲ．①罗炳辉（1897~1946）—
生平事迹 Ⅳ．①K825.2

中国版本图书馆CIP数据核字(2011)第050800号

罗炳辉

LUOBINGHUI

编著/ 李成禹

选题策划/ 王尔立　责任编辑/ 王尔立

装帧设计/ 韩璘

出版发行/ 吉林文史出版社

地址/ 长春市福祉大路5788号　邮编/ 130118

电话/ 0431-81629363　传真/ 0431-86037589

印刷/ 天津海德伟业印务有限公司

版次/ 2011年4月第1版 2022年4月第6次印刷

开本/ 640mm×920mm　1/16

印张/ 9　字数/ 100千

书号/ ISBN 978-7-5472-0557-0

定价/ 29.80元

《100位为新中国成立作出突出贡献的英雄模范人物》丛书

★★★★★

编 委 会

100 位

为新中国成立作出突出贡献的英雄模范人物

八女投江	于化虎	小叶丹	马本斋	马立训	方志敏
毛泽民	毛泽覃	王尔琢	王尽美	王克勤	王若飞
邓萍	邓中夏	邓恩铭	韦拔群	冯平	卢德铭
叶挺	叶成焕	左权	诺尔曼·白求恩		任常伦
关向应	刘老庄连	刘伯坚	刘志丹	刘胡兰	吉鸿昌
向警予	寻淮洲	戎冠秀	朱瑞	江上青	江竹筠
许继慎	阮啸仙	何叔衡	佟麟阁	吴运铎	吴焕先
张太雷	张自忠	张学良	张思德	旷继勋	李白
李林	李大钊	李公朴	李兆麟	李硕勋	杨殷
杨子荣	杨开慧	杨虎城	杨靖宇	杨闇公	萧楚女
苏兆征	邹韬奋	陈延年	陈树湘	陈嘉庚	陈潭秋
冼星海	周文雍、陈铁军夫妇		周逸群	明德英	林祥谦
罗亦农	罗忠毅	罗炳辉	郑律成	恽代英	段德昌
贺英	赵一曼	赵世炎	赵尚志	赵博生	赵登禹
闻一多	埃德加·斯诺	夏明翰	格里戈里·库里申科		
狼牙山五壮士	聂耳	郭俊卿	钱壮飞	黄公略	
彭湃	彭雪枫	董存瑞	董振堂	谢子长	鲁迅
蔡和森	戴安澜	瞿秋白			

前 言

　　每个人的心中都多少有一点英雄情结，都向往英雄、景仰英雄。也正因此，在中华人民共和国建国六十周年之际，由中央十一部委联合组织开展的"100位为新中国成立作出突出贡献的英雄模范人物和100位新中国成立以来感动中国人物"的评选活动中，群众参与投票总数近一亿。这其中的每一张选票，都表达了人们对英雄模范的崇敬之情，寄托着对伟大祖国的美好祝福。

　　一个民族不能没有英雄，否则这个民族就不会强大。当国家危难之时，懦弱者选择了逃避、妥协甚至投降，英雄们却挺身而出，用热血捍卫民族的尊严，人民的幸福。在创立和建设新中国的伟大历程中，涌现出无数可歌可泣的英雄模范人物。他们之中，有为了民族独立和人民解放而英勇牺牲的革命先烈，有为了党和人民的事业而不懈奋斗的优秀共产党员，有在全民族抗战中顽强奋战、为国捐躯的爱国将士，有英勇杀敌的战斗英雄和革命群众，有积极从事进步活动的著名民主爱国人士和国际友人……他们是民族的脊梁、祖国的骄傲，是激励全体人民团结奋斗的精神力量。

　　《100位为新中国成立作出突出贡献的英雄模范人物传记》丛书，就像一部星光璀璨的英雄谱，真实、完整地记录了英雄模范人物不平凡的一生，再现了他们非凡的人格魅力和精神世界。"头颅可断腹可剖"的铁血将军杨靖宇，"毫不利己，专门利人"的白求恩，"抗战军人之魂"张自忠，"砍头不要紧"的夏明翰，"俯首甘为孺子牛"的文化斗士鲁迅……一串串闪光的名字，一个个动人的故事，犹如群星闪烁，光耀中华。

　　如今，战火已熄，硝烟已散，英雄已逝，我们沐浴在和平的幸福之中。在和平年代，人们不会忘记为今日的和平浴血奋战的英雄们，英雄的故事永远不会结束。让我们用英雄的故事唤醒我们心中的激情，为中华民族的伟大复兴而奋斗。

生平简介

罗炳辉（1897–1946），男，汉族，云南省彝良县人，中共党员。

罗炳辉早年入滇军当兵，参加了讨袁护国战争和北伐战争。因对旧军队中腐败现象不满，他很快接受进步思想，于1929年7月秘密加入中国共产党。同年11月率部起义，参加中国工农红军。历任团长、旅长、纵队长、军长等职，参加了中央革命根据地历次反"围剿"作战，指挥所部参加了龙冈、广昌、莲塘、南雄水口、建黎泰、黄陂、草台岗等重要战役战斗，曾获中央革命军事委员会颁发的二等红星奖章。第五次反"围剿"开始不久，任红九军团军团长，率部参加广昌保卫战，并护送北上抗日先遣队出征过闽江。1934年10月率部参加长征，途中屡担重任，掩护中央机关和红军主力北上，中央军委赞誉红九军团为"战略轻骑"。抗日战争初期，曾以八路军副参谋长名义，在八路军武汉办事处从事统战工作。1939年任新四军第一支队副司令员、第五支队司令员，率部开辟皖东抗日根据地。1940年后任江北指挥部副指挥兼第五支队司令员。皖南事变后，任新四军二师师长兼淮南军区司令员等职，为巩固和扩大淮南抗日根据地作出了重要贡献。解放战争时期，任新四军第二副军长兼山东军区副司令员。1946年6月21日在山东兰陵病情突然恶化，不幸逝世。

1897-1946

[LUOBINGHUI]

◀ 罗炳辉

目录 MULU

从奴隶到将军（代序）

　　罗炳辉是一位从奴隶成长为统率千军万马、屡建战功的杰出军事家，是中央军委认定的 36 位军事家之一，也是云南籍唯一获此殊荣的将军。这是党对他在革命战争中的功绩作出的最高评价。

　　矢志从戎争自由。19 世纪末 20 世纪初的中国，封建王朝风雨飘摇，军阀列强割据一方，祖国大地乌云笼罩，人民大众苦不堪言。此时，罗炳辉出生在云南彝良一个汉族贫苦家庭，从小过着牛马不如、备受欺凌的奴隶生活。为摆脱贫苦争取自由于 1915 年入滇军当兵，作战勇敢，从士兵升至营长，参加了讨袁护国战争、东征战争和北伐战争。

　　赴汤蹈火建奇功。然而，旧中国的黑暗，军阀队伍的腐败，使罗炳辉不禁发问：祖国的出路在哪里？人民的自由在何方？1929 年 7 月在共产党人赵醒吾的介绍下罗炳辉秘密加入中国共产党，同年 11 月在江西吉安领导靖卫大队士兵起义，参加中国工农红军。从此，走上了"唤起工农千百万，同心干，不周山下红旗乱"的光辉道路。在毛泽东、朱德的正确领导和指挥下，罗炳辉率部在土地革命战争中南征北战，为根据地的扩大和红军的发展屡立战功。所率红九军团被中央军委赞誉为"战略轻骑"。

　　千里江淮扫顽敌。抗日战争爆发后，罗炳辉征尘未洗，刀枪

001

代序

未放，奉命从延安来到华中、华东抗日前线。罗炳辉曾以八路军副参谋长名义，在八路军武汉办事处从事统一战线工作。1939年任新四军第一支队副司令员、第五支队司令员，率部开辟皖东抗日根据地。1940年后任江北指挥部副指挥兼第五支队司令员、第二师师长兼淮南军区司令员等职，为巩固和扩大淮南抗日根据地，取得中华民族抵抗外敌入侵的彻底胜利作出了重要贡献。

血洒疆场炳青史。解放战争时期，任新四军第二副军长兼山东军区副司令员。虽身患重病，仍亲临前线部署作战。1946年6月21日，病情突然恶化，在山东兰陵不治逝世。为祖国的独立、民族的解放奋战一生的罗炳辉，没有看到五星红旗的飘扬，没有听到共和国礼炮鸣响，但他却用毕生的精力实现了自己的诺言："人生最快慰的是真正勇敢地牺牲个人的一切利益，最热诚努力地为民族独立、自由解放而斗争，尤其要为劳动大众的解放和利益，以真理、正义、公道为人类的幸福而斗争。"

从奴隶到将军，他是共和国早早陨落的将星。毛泽东评价罗炳辉"正派耿直"，"在滇军中是革命的"，"战争经验丰富，有军事才能，很会打仗"。先后被周恩来、江泽民誉为"人民功臣"。他一生南征北战，效命疆场，马革裹尸。中共中央认定他是"立功尤著"的红军高级将领和抗日名将。

一个少年的出路

(1897—1914)

→ 贫困家庭

1897 年 12 月 22 日，罗炳辉出生于云南省今彝良县大河区阿都乡偏坡寨一个汉族贫苦农民家庭。

罗炳辉祖籍湖南省邵阳县，后移居四川省隆昌县，又移至云南省镇雄州，再分系属今彝良县。此地位于云南省的东北部，东接镇雄、威信县；西连昭通、大关县；南与贵州省赫章、威宁县接壤；北与盐津县和四川省筠连县为邻，是汉、苗、彝族同胞杂居的地区。大河乡位于彝良县城角奎镇的西南部，山多平地少，气候差别大。

在罗炳辉的祖父那一代，家庭生活还是不错的，但由于屡遭变乱和当地邪恶势力的敲诈剥削，很快就破产了。到他父亲成年时，家庭已很穷困了。

罗炳辉的父亲罗守清，忠厚勤朴，靠着年轻体壮，一面租地主的一部分土地来耕种，一面帮地主打短工，不管风吹雨淋，还是烈日暴晒，整日忙碌耕作。到了冬天，趁农闲做些山货生意。由于辛勤积聚，节衣缩食，日子一度好过一些，娶妻成了家，生了一个女儿、三个儿子。罗炳辉是第二个孩子，上有姐姐，下有两个弟弟。

罗炳辉的父母性格各异。父亲谨小慎微，生怕树叶子掉下来打破头，对旧社会的压迫不敢吭一声，苦水只是往肚子里咽。母亲黄氏，温良贤淑，尽管受旧礼教的束缚，但她对旧社会的剥削、压迫不甘屈服。

罗炳辉的父母在那黑暗的社会里，殷切地盼望儿女们长大后有出息。于是，当罗炳辉7岁时就被送去上私塾。但是，由于豪绅和官吏的压榨剥削，家境沦为赤贫，他只勉强读了三年书。

当时，封建地主剥削不择手段。每到逢年过节、红白喜事，做佃户的不仅要给地主送礼，还要替地主做白工。交纳地租时，大斗大秤入；借贷时，小斗小秤出。

这一切，罗炳辉都看在眼里，记在心里，深深地埋下了仇恨旧社会的火种!

→ 决不低头

★★★★★
（11—15岁）

罗炳辉从小性情倔强，对地主豪绅的压迫敢于反抗。11 岁那年，他就开始与劣绅争辩。

有一天，一个恶霸经过罗炳辉家的门口，恰巧他向外泼脏水，差一点儿泼到这个恶霸身上。恶霸发火了，骂道："瞎了眼啦，贱种!"

罗炳辉毫不示弱，针锋相对地说："你才瞎了眼呢!"

恶霸伸拳要打，可罗炳辉早有提防，跑掉了，还大声骂道：

"是老子泼的水，看你能怎么样!"

恶霸咆哮起来，揪着罗炳辉父亲的衣领，连打几个耳光。村里人都出来了，顿时，街上轰动起来。

有个劣绅说："这个干娃娃(当地蔑视小孩的意思)长大了不得了，现在就这样大胆，敢在太岁头上动土，他老子都不敢做声。这孩子真有吃雷的胆子，非弄死他不可！"

罗炳辉的母亲听了这些话，既害怕，又高兴，认为儿子长大以后一定能替她报仇。

后来，经过乡邻说了许多好话，才把这个恶霸打发走。

那天晚上，罗炳辉的父亲将他痛打一顿，骂他是败家子，给家里引来祸灾。

罗炳辉12岁那年，又闯了祸。

一天，一个恶霸来敲诈罗炳辉家，他父亲为此花钱四处托人求情。罗炳辉见此情景，十分气愤，当着恶霸的面，说："拿钱塞狗洞，不如去打官司。"

恶霸听了跳起来要打他，他拔腿就跑。

恶霸和他对骂："老子在这个地方比任何人都要高跳三尺！"

罗炳辉边跑边骂："老子长大以后，要把你们这些混蛋杀掉！"

恶霸说："胎毛未干的干娃娃不知天高地厚，竟敢惹老子！"

罗炳辉见闯了祸，怕回家挨打，就跑到县城一个亲戚家里。在这个亲戚的帮助下，罗炳辉向县官告了那个恶霸的状。

本来，罗炳辉是有理的，然而在旧社会，穷人是打不赢官司的。在传讯时，县官见原告是个衣着破旧的孩子，被告是个有钱有势的豪绅，加之恶霸又用钱收买官府，和县衙门串通一气，结果县官马马虎虎说了几句，就算过堂了。

这场官司，罗炳辉虽然只打了个平头，没分输赢，但在乡里却引起了极大的震动，都说："这个娃娃不好惹。"他父亲却认为得罪了恶霸，对他又打又骂。而他母亲却竭力保护，虽然怕他惹祸，但又因儿子有作为而高兴。

罗炳辉13岁那年，父亲因怕他惹祸连累家庭，加之罗炳辉的岳父家与土司打官司失败，便催罗炳辉父亲早些给罗炳辉成亲。罗炳辉的亲事，是他3岁时由父亲定下的，女方年龄比他大四岁。这一年，罗炳辉虽然只有13岁，但身材却长得高大，像是十七八岁的小伙子。因此家里决定给他成婚。

⊖ 从军报仇

★★★★★

（16—17岁）

罗炳辉结婚不久，他父亲就决定分家。这时，他感到自己年纪还小，难以自立门户，加之又得罪了当地的恶霸，心想只有向外逃跑了。

当时，彝良县城有个寡妇，带着两个儿子，日子过得很艰难，因为受不了地主豪绅的欺凌，她的两个儿子长大后都加入了反清政府的陆军。

1913年，这个寡妇的两个儿子随着一连陆军来到彝良县城驻防。他们把县城里最大的恶霸头子谢介臣痛打一顿，又将恶霸家的家具砸得粉碎。

恶霸谢介臣是县长见了都要下拜的人物，哪里肯罢休，立刻去找县官，要县官出面来处理。县长马上去找陆军的连长。可是，那个连长摆出架子，不予接见，把县长挡了回去，显示他们陆军的威风。

这件事，彝良县城老少皆知，自然也给罗炳辉留下深刻的印象。他想，要想报仇，向恶霸出口气，唯一的出路是当兵。于是，他秘密地约了一个比他大五岁的朋友刘顺祥一起逃跑，去投奔陆军当兵。

罗炳辉跑出去以后，他父母派人追赶寻找，他就东躲西藏。在逃跑途中，见到有卖土造的双筒手枪，从小就爱好刀枪的罗炳辉，立即买了一支。但他在试枪时，由于装药过量，击发时枪壳爆炸，破片崩入掌内，拔出后流血不止。他买了草药敷上，然后向省城昆明继续前进。

罗炳辉跑出去的第六天，他姐夫追上了他。说他母亲为他跑出去的事哭得死去活来，要他立即回家。他没有办法，只得跟着姐夫回家。

罗炳辉回家后，父亲坚持要分家，尽管母亲劝，亲朋说，还是无效。于是，他们请来亲朋作证，正式分了家。此时，罗炳辉想：好儿不守爷田地，好女不守娘嫁衣，今天父母已养我成人，就是讨饭度日，也要自立。

分家后，罗炳辉开始独立劳动，妻子劳力也强，当年收成不错，又做一点儿山货、药材的小生意，生活过得不错。

罗炳辉16岁时，有了一个儿子。但是，他还是经常想到要替父母和穷人报仇出气。他认为只有出去当陆军，才能达到这一目的。

青年投身行伍

(1915—1928)

→ 进入滇军

★★★★★

（18岁）

1915 年的初冬，罗炳辉不顾亲友和家人的劝说，离开家乡，再次向省城昆明跑去，要去当陆军。他走了一百二十余里，到达昭通城。不幸，他所带的盘费被一个亲戚骗光了，只好卖衣服换饭吃。实在没有办法，他不得不返回距家六十里的一个亲戚家，借了十五块银元，然后再向昭通城走去。

罗炳辉经过长途跋涉，以惊人的毅力，用十多天时间，步行了约一千一百里终于到达云南省城昆明市。

昆明位于滇东高原中部最大的坝子中，是云南全省政治、经济、文化、交通中心，工商业发达，名胜古迹甚多。但此时此刻，罗炳辉无心游览，只是一心一意想当陆军。可是，那时当兵的手续也很严，罗炳辉由于没有铺保，去报名当陆军，被拒绝了。

罗炳辉当兵无门，盘费又用光，人地两生，孤身无依，实在为难。他突然想起，他母亲有个侄儿在省城天主教堂里当神甫。于是，他鼓起勇气，跑了30里路，找到了教堂。

神甫见罗炳辉胆子很大，非常惊讶。当神甫问明罗炳辉的来意后，坚决反对他当兵，说："你跑出来，会把大姑妈（罗炳辉的母亲）气坏的。"神甫叫他先住下，不要乱跑，过两天把他送回家去。

罗炳辉听了，心想没有当上陆军，哪有脸面回去，他瞒着神甫，又拼命奔回昆明市内。

此时天色已晚，罗炳辉又累又饿，正愁无处可去时，碰巧遇到在昭通城住旅馆时认识的一个姓尤的熟人。这人对他很客气，带他到饭馆，又打酒，又弄菜，又叫饭，他饱饱地吃了一顿。在这困难之时，罗炳辉对这位姓尤的人一片盛情，真有说不出的感激。

饭后，罗炳辉仔细诉说了他的志愿和遭遇，姓尤的很赞成他当兵，说："你定有高升之日！"表示要帮助他补个名字，还劝他不要着急和难过。

十天过后，罗炳辉还是没有补上名。姓尤的又生了病，钱也花光了，于是他又先帮人做小工，找个吃饭的地方，待征兵时再找铺保补个名字。

开始，罗炳辉帮助泥水匠做小工，管三顿饭，每天给一角钱的工资。挑土块时，人家挑八块，他因年纪小，力气不足，勉强挑四块。干了一天,肩膀的皮都磨破了。第二天,老板见他年纪小,不让他做工了。他提出不要工钱,许多工人见他离乡背井,帮他说情,才准他继续做工。但在盛饭时,老板嫌他盛得多,老板的儿子还打了他两棍,说:"不准你再盛饭。"倔强的罗炳辉,哪肯吃这个亏,立即夺下棍子,正要还手,被大家劝阻了。他忍受不了这种侮辱和打骂,立即离开了这里。

一位五十多岁的老工人很同情罗炳辉的遭遇,又介绍他到别处去做工。做了半个月以后,罗炳辉的肩背疼痛渐减,力气渐增,工钱由一角增到两角。这个老板和老板娘,家有很多财产,仅有一个女儿,无儿继承,他们见罗炳辉忠厚老实,做事勤劳,要收他做儿子。罗炳辉为人正直,既不贪便宜,也不肯吃亏,小时随母亲走亲戚或逢年过节、红白喜事,连向亲友长辈磕头作揖都不肯,如今怎肯给人家做儿子,他拒绝了。

罗炳辉做了两个月的小工以后,又有人介绍他去帮伙夫做事,说是可以接近军官,弄熟了才好补名当兵。可干了一个月,还没有补上名。

后来有人告诉他,要去帮助马夫做事,因为长官喜欢马,遇见长官的机会多。罗炳辉为了要实现当兵的愿望,就去帮助马夫做事。那时,只要能当上兵,再苦再脏的活,他都愿意干。

十几天以后,罗炳辉很幸运,遇见了警卫炮兵的大队长来查马。这个大队长留着八字胡,笑着问:"你是几时来的?"接着,问他多大年纪,哪里人,然后问他是来干什么时,罗炳辉回答是来当兵的。

大队长又问："能不能吃苦？"

罗炳辉毫不犹豫，爽快地回答说："当兵的都是人，他们苦得，我也苦得。"

大队长听了很满意，笑着走了。

不久，新兵名额来了，罗炳辉当上了备补兵。

就这样，罗炳辉经过许多周折，好不容易才在滇军唐继尧部当上了兵。他终于实现了多年立志从军的愿望。

→ 反袁护国

★★★★★

（19~23岁）

罗炳辉参加滇军时，正是1915年冬天。当时，袁世凯接受了日本企图灭亡中国的"二十一条"，想建立"洪宪皇帝"的独裁朝廷。袁世凯的卖国行径，立即遭到全国各阶层人民的反对。反袁将领蔡锷，从北京逃到云南，与云南都督唐继尧等，于同年12月25日发表通电，宣告云南独立，组织护国军，讨伐袁世凯。罗炳辉就在护国军里当炮兵。为了护国，他积极地操练武艺。

那时，滇军军官多数是云南讲武堂或保定军官学校毕业的，也有的是从日本陆军大学学习回来的，部队等级森严，训练要求也严。对士兵三个月考核一次，成绩好的才能得到提升。罗炳辉开始当兵，虽然每月只有三块钱的薪饷，还包括伙食和零用钱在内，但心里却很高兴。他吃苦耐劳，努力学习武艺，遵守纪律，成绩优异。三个月以后，他考升为二等兵，薪饷增加到五块九角。又过了三个月，他考升为一等兵。又过了三个月，他考升为上等兵（即副班长职务）。就这样，他又经过三等下士、二等下士、一等下士到三等中士，接连不断地得到提升，薪饷也不断增加。有的老兵虽然有些眼红，但见他是硬考过来的，因而也就没有什么意见了。

1918年，罗炳辉精神上遭受到一次沉重的打击。一天，他正在操练时，突然接到家里来信说：母亲被恶霸逼死了，妻子正被迫改嫁。罗炳辉看了信，气得昏了过去，不省人事。清醒过来后，有的同事打算拖枪，帮他一起回家乡报仇，可他想到私自拖枪是犯法的，既报不了仇，又会牵连同事，故决定请假，带着公文回去处理。连长和排长安慰他，劝他暂时不要回去，要继续发奋努力，今后定能报仇雪恨，同时答应给他发公文交涉。这样，罗炳辉打消了立即回家报仇的念头。

第二年冬天，罗炳辉的姐夫和二弟来找他。亲人相见，自然很高兴。当他问及父亲情况时，两人含着眼泪说："父亲已被县长抓去关了起来，现在生死不明。"

　　原来，陆军关于追究罗炳辉母亲被害的公文发到彝良县以后，县长感到事态严重，觉得不好交代，就向罗家的仇人、地主王海云通风报信，密谋设法对付。王海云就约罗炳辉的父亲罗守清去吃酒，席间，王云海自己用小刀在腿上戳了三刀，流血倒地，大喊说罗炳辉的父亲持刀杀人。县长差人将罗父毒打一顿，然后抓到县衙门里，同时将罗家捣毁，财产被洗劫一空，家人还受到通缉。罗炳辉的姐夫和二弟无处藏身，才星夜逃往省城找他。

　　罗炳辉听完姐夫和二弟的诉说，十分气愤，想回家报仇。在营长和姐夫的劝说下，再一次压下心中的怒火。

　　罗炳辉开始当兵那几年，滇军重视保卫国家民族的教育，培养军人品德，要求服从命令听指挥，不准赌嫖和吸烟、喝酒，部队讨袁出征时深得人心。后来，由于上层军官贪污腐化，部队素质、纪律渐渐变坏。在这样一个环境中，对罗炳辉来说，确是一种锻炼和考验。他因为从小受地主豪绅的压迫，当兵以后又目睹官场的黑暗，经常想到父母的仇没有报，深感天下受苦的人很多，总想改革恶习。自己的薪饷从不乱用，并经常接济周围经济困难的人，对不公平的人和事，敢打抱不平。

在滇军的几年间，罗炳辉对待各项工作，总是努力去完成。营长本想送他进讲武堂去深造，但考虑到所学的课程，他均已学过，各种课程的要求，他均已达到。有些讲授的课程，还不如他掌握的那样深，所以，决定不送他进讲武堂。

1920 年，唐继尧要选调随行军士（警卫员），营长就向唐继尧的警卫部队大队长龙云推荐罗炳辉去。他被选中后，调到云南都督的身边担任随行军士。

唐继尧由于连年出兵川黔，进行祸国殃民的军阀混战，特别是在 1920 年 5 月至 8 月间同四川军阀的战争中，滇军战败，入川的滇军第二军军长赵又新战死，滇军第一军军长顾品珍于 1921 年 2 月回师昆明，将他驱逐出云南而流落香港。罗炳辉作为随从副官，一同前往。

对于云南军阀之间的争权夺利，罗炳辉的感受并不太深，但在赴香港途中的所见所闻，却给他留下了深刻的印象。当由我国边境城市河口到越南的老街时，法国殖民主义者任意凌辱中国同胞，由华界向法界带一盒火柴，要交税；带一根针，也要交税；要是带一把小刀，那更是违法。反之，由法界向华界带什么都可以，买枪买刀也能带。罗炳辉在海防还遇到一个从广东回云南的人，带了一支包好的水烟袋，海关要那个人上六元的税，那人说买烟袋才用了四元六角，如果要上六元的税，宁愿不要烟袋了。法国海关的人不问青红皂白，打了那人两耳光，把烟袋丢到水里，还把那人带走了。殖民主义者这些霸道的行径，引起了罗炳辉的愤慨，使他逐渐认识到穷人受苦受累，除了各地的土豪劣绅以外，还因为帝国主义者骑在中国人民的头上。从而，他更增强了民族仇恨，更憎恨殖民主义。

罗炳辉到香港以后，跟着唐继尧住在豪华的公馆里。生活尽管很优裕，但他精神却很不愉快。他意识到，军阀讲救国救民全是骗人的假话。军阀的奢侈豪华全是刮的民脂、喝的兵血。这样混下去没有前途，必须另寻光明出路。

在香港停留期间，和唐继尧住在一起的一个滇军师长的小老婆，聚敛了很多钱财，很喜欢罗炳辉，想要罗炳辉和她一同到上海安家过日子，被罗炳辉拒绝了，其他军官都骂罗炳辉太蠢。

罗炳辉厌恶军阀余孽那种花天酒地、挥霍无度的生活，决心离开香港，去过军队的艰苦生活，以实现他改变旧制度、为父母报仇的愿望。他多次向唐继尧请假，都未获批准。不得已，他只得私自买了船票，留下一封信，连自己两个月的薪饷也未领，就悄悄地离开了香港。这次随唐继尧到香港，虽然时间并不太长，但对罗炳辉的思想却产生了很大的震动和变化。

→ 投奔孙文

★★★★★

（24—27岁）

　　云南当局赶走了唐继尧以后，为防止唐继尧派人入滇活动，对入境的人检查很严。罗炳辉费尽周折经河口进入云南时，边防督察官将他拦住检查。得知罗炳辉是唐继尧的侍从后予以逮捕，此事轰动昆明。罗炳辉原所在部队老营长和炮兵大队长得知后，积极介入此事。得知罗炳辉是不满唐继尧腐败无能而逃离，云南军界都对他的品行大加赞赏，随后释放。

　　罗炳辉在昆明住了一段时间，一些朋友想留他在滇军里干，但他看到滇军政治的腐败，不愿意留下。正在这时，他听说孙文在广东推行进步政治，加之滇军朱培德部也在那里，便决心离开昆明，投奔孙文（即孙中山），寻找出路。

　　那时，袁世凯虽然倒台，但直系和奉系军

阀仍在北方和华中混战。南方军阀也是连年战争。1921 年 4 月，孙中山在广州就任非常大总统，在广西桂林组织大本营，准备出兵讨伐直系军阀曹锟、吴佩孚控制下的北洋政府。于是，罗炳辉约了同乡中的三个中学毕业生，从昆明动身，前往桂林。

途中，罗炳辉和三个学生经过贵阳市。贵阳居于贵州省的中部、乌江支流南明河北岸，是全省政治、经济、文化的中心，有铁路、公路贯穿其间，工商业都比较发达。他们四人到贵阳后，决定暂时住几天，游玩休息一下。

和罗炳辉同行的三个中学生都是土司和大地主的儿子，从小过惯了纨绔生活。这三个人刚在旅馆住下，就叫店主老妇给他们找女人。

那个老妇找来一个女的，有十八九岁，长得很漂亮，是一个资本家的女儿。这个女人的丈夫原在重庆当营长，结婚后，她丈夫接到在贵州当师长的同学的信，要她的丈夫携带家眷和财物，到贵州来当团长。她和丈夫在路上遇到土匪，夫妻失散，她到达贵阳住进旅馆。开始，旅馆里的人听说这个女的来找师长的，对她还算客气，借钱给她用。后来旅馆的老板知道她要找的师长已调往四川，又知道了这个女人的真实情况后，旅馆主人着了急，怕天长日久拖欠的钱更多，便将这个女人送进妓院。

老妇带来这个女人，三个学生见后都很高兴。罗炳辉听了这个女人诉说完她的身世以后，十分同情，觉得应该帮助她逃出虎口，让他们夫妻团聚，就送她五十块银元，叫她离开妓院去找丈夫。

三个学生都说罗炳辉是傻瓜，但旅馆中的客人却称赞罗炳辉是个正直的青年。

罗炳辉和三个学生一起，从贵阳动身，经古州（今榕江）进入广西，历尽艰险，到了桂林，找到属于广东革命政府领导的滇军总司令朱培德，罗炳辉被编入军官将校队学习。

1922年，孙中山在桂林誓师北伐。朱培德部是参加进攻赣州的一路。军官将校队，实际上是一种野战司令部性质的组织，分为交通、设营、侦察、给养、作战等组，每组都有百余人。罗炳辉被分配担任交通组上尉副组长，组长由少校参谋李鑫许担任。由于组长生病，交通组便由他负责。交通组的组员，多数资格比较老，不少人还担任过营、连长，难以领导。由于罗炳辉体魄健壮，能吃苦耐劳，经济上又清白，所以组员也不好刁难他。

罗炳辉随北伐军从桂林出发，由梧州入广东，经过三水、广州、韶关、南雄和江西的大余，然后到达赣州。在途中，他对数百名民夫关怀备至，帮助安排吃饭、住宿，甚至连吸烟、喝水等问题，都尽量安排好，因而民夫对他很亲近，没有开小差的。在旧社会，一个农民能帮助军队挑担子走那么长的路，不逃跑回家，这是很难得的。

到达赣州以后，罗炳辉领到一笔费用，准备给民夫发工资。就在这一天，同组的军官却对民夫进行恐吓，说罗组长补发欠款是想收买他们，骗他们去南昌当兵。就这么几句话，一夜之间，几百名民夫全部被吓跑了。

第二天，罗炳辉要给民夫发工资时，却找不到一人。他想到这些民夫出了二十多天的苦力，连回去的盘缠也没有，心里非常难过。可是那些副官、参谋却非常高兴，向他建议：拿出三分之一给大家平分，三分之二归他本人。罗炳辉开始坚持要把这笔钱交还军需处，可军官们不同意，哄了起来，有的甚至对他进行恐吓："你还要不要命？"他没有办法，觉得没有必要和这些人争执下去。只好同意大家均分，可他本人分文都没有要。

1922年6月，正当北伐军从赣州继续向南昌挺进，先头部队已经占领万安县城时，隐藏在革命阵营内部的粤军总司令陈炯明勾结直系军阀，在广州发动武装叛乱，炮轰总统府，孙中山被迫退居上海。此时，入赣的北伐军不得不回师广东，参加平定陈炯明之乱，北伐军也就成为讨逆军了。

罗炳辉在随朱培德部进攻韶关和桂林的作战中屡立战功，深受朱培德的器重，先后被提拔为连长、营长。在二次平定陈炯明叛乱攻打英德的战斗中，罗炳辉只身到敌方阵地劝降，打白旗的敌人变了卦，将他抓了起来。后将他转送到赣州监狱，他前后被关押达九个月之久，受尽了折磨，险些送了性命。

1924 年 2 月，罗炳辉得到原滇军的老同事、老部下相助，被保释出狱。他们劝他留在赣南，并且委任他担任副营长兼连长，但那些贪污腐化的军官又容不了他，知心的朋友暗示他还是离开那里好。随后，他化装成逃难的小商人，离赣入粤。

　　第二年夏天，罗炳辉在广州见到了朱培德。朱培德对他依然很器重，委任他为少校副官。不到两个月，委任他为征兵主任，后又委任为警卫营营长。

→ ## 随师北伐

★★★★★

（28-29 岁）

　　1923 年 6 月，中国共产党第三次全国代表大会后，建立了国共合作的统一战线。1924年 1 月，孙中山在广州召开中国国民党第一次全国代表大会，邀请中国共产党人参加，根据"联俄、联共、扶助农工"的三大政策，将三民主义（民族主义、民权主义、民生主义）重新加以解释，成为革命的新三民主义。1925 年 7 月，国民政府成立，并将所属军队改编为国民革命军。1926 年 2 月，中国共产党在北京召开了中央特别会议，明确提出了出兵北伐，推翻军阀统治的政治主张。所有这些，都为第二次北伐战争进行了充分的准备，打下了良好的基础。

1926 年 5 月，国民革命军第四军独立团叶挺所部作为北伐先遣队，首先挺进湖南，揭开了北伐的序幕。7 月，国民革命军也称北伐军，发布北伐的动员令，发表北伐宣言，在广州举行北伐誓师大会，八个军约十万余人，从广东分三路向湖南和湖北、福建和浙江、江西进军。朱培德的拱卫军改编为国民革命军第三军，居于中路，和第二、第六军一道进攻江西，负责进击由直系分化出来的军阀、浙闽苏皖赣五省联军总司令孙传芳的部队。罗炳辉时任第三军第九师第二十五团第二营营长，随同部队转战江西。

同年 7 月，罗炳辉率部在第三军的编成内，从粤北韶关出发，经乐昌和湖南的郴县、衡阳、株洲等地，进占湘东醴陵，再占赣西的萍乡，在新余和江西督军邓如琢部的主力决战。经过两昼夜的激战，双方伤亡很大，北伐军终将邓如琢部主力击溃。在战斗中，年仅二十多岁的罗炳辉总是在前面带头冲锋，无所畏惧。

一天，他们正在一个小山脚下吃午饭，突然不知从何方飞来一颗子弹，把他们的菜盆打碎了，大家都目瞪口呆，而罗炳辉却泰然自若，风趣地说："这子弹真长眼睛，看来是存心不让我们吃饭了，快搬个地方，不然我们吃不成饭了，不把肚皮吃饱，我们咋个与军阀打仗呀！"说得大家哈哈大笑。

接着，罗炳辉又率部继续前进，在高安、万寿宫一带，与孙传芳部连续血战。由于过度劳累，他的脖子红肿，连吃饭、行动都很难，副营长胡彦劝他说：

"罗营长，你去医治吧，这样拖下去多难受，你走后队伍由我来指挥。"

罗炳辉答道："战斗这样激烈，我怎能轻易下火线，轻易离开战士们？"

大家都知道罗炳辉的脾气，他英勇无畏，战时总是在第一线指挥，在战斗正在激烈进行的情况下，他是不会离开的。但是他的健康直接影响到全营官兵的情绪，于是，副营长将他的病情报告了副团长李文彬（当时没有团长），罗炳辉不得不遵命去治病。

在攻打南昌的牛行车站时，敌人枪弹像雨点似的飞来，其火力密集的程度为过去所罕见，因而每前进一步，都要付出很大的代价。罗炳辉率领全营官兵奋勇冲杀，与敌激战三天三夜，终于和其他部队一起，攻克了牛行车站，为北伐军攻占南昌打开了通路，立下头等功。

在攻打牛行的战斗中，第三军的第七、第八两个师伤亡过半。在攻占南昌后，部队在市街行进时，每个团的排尾可以看到排头。罗炳辉所在的第九师二十五团二营伤亡也很大，仅剩下八十多人。罗炳辉也负了伤，住进南昌医院治疗。

进驻南昌后，部队进行休整。朱培德升任江西省主席兼第五路军总司令，下辖第三军和第九军。根据当时的战功和部队扩编情况，朱培德本想要升罗炳辉为团长，但因为他不是从云南讲武堂出来的，也不是"保定生"，而是纯粹的行伍、工农出身，加之他为人正派，因而在当时有些吃不开，遭到了一些军官的反对，朱培德又收回了罗炳辉当团长的任命，只是将他从二营调到一营当营长，由胡彦接任二营营长。

这一年，春节将至，士兵的薪饷还没有发。罗炳辉非常同情士兵，义正词严地向上司提意见，催着给士兵发饷。由于他坚决要求，当局不得不给士兵们发了饷。之后，罗炳辉随北伐军继续向北推进，过芜湖，进南京，占安庆。

在参加北伐过程中，罗炳辉给人们留下了深刻的印象。和他在一起并肩战斗、浴血奋战的胡彦同志，在 1981 年，即相隔 55 年以后，在《北伐革命的优秀健儿——记罗炳辉同志》一文中写道：

罗炳辉同志是一个出身贫苦而富于正义感的军官。他为人正派，耿直，豪爽，厌恶那种捧上压下、欺软怕硬的行为，对那些欺压人民，骑在人民头上作威作福的家伙尤为痛恨。他见难相助，喜欢打抱不平，他公正无私，对那些克扣兵饷、喝兵血的家伙，更是切齿痛恨。

罗炳辉同志出身行伍，从当二等兵到营长，是硬打硬拼上来的，最了解士兵的心理和苦楚，爱兵如子，他没有官架子，常与士兵谈心交心，打成一片，行军时常把马让给伤病员和落伍的士兵骑。他的所作所为，深受士兵的爱戴，在士兵中享有崇高的威望。

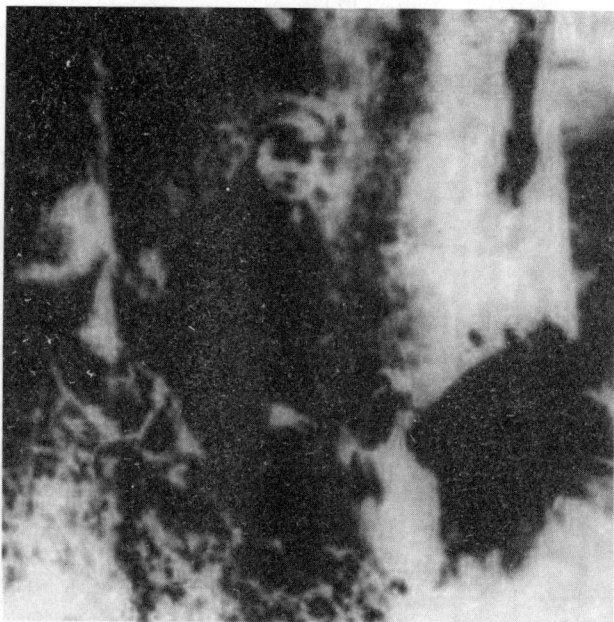

△ 罗炳辉在北伐时期

→ 会见朱德

1927年3月，罗炳辉在南昌参加了赣州总工会委员长陈赞贤（共产党员，被国民党在赣州的特务枪杀）烈士的追悼大会，听到朱德（时任第五路军军官教育团团长，南昌市公安局局长兼第九军副军长）同志感人肺腑的讲话，很受鼓舞。会后，他立即去会见朱德同志。朱德知道罗炳辉是云南人，是滇军军官后，便立即接见。在交谈中，朱德晓以革命大义，讲述孙中山倡导的"三民主义"、"三大政策"、"耕者有其田"等革命主张，使罗炳辉顿开茅塞，看到了希望，看到了光明和前途。

在这之前，罗炳辉还多次聆听过朱德的讲课。当时，二十五团团长李文彬曾在泸州讲武分校当学员，是朱德的学生，对朱德非常敬佩，经常请朱德给军官讲话，朱德着重讲中国人民遭受国内外反动派侵略、压迫的惨痛历史和国民革命一定成功的道理，强调"革命向左走"，指出工农兵要联合起来，打倒军阀，打倒帝国主义和贪官污吏、土豪劣绅，革命成功了，大家都有工做，有田种，有饭吃，安居乐业。这些革命道理通俗易懂，实实在在，罗炳辉听后受到很大启发，一直铭记在心。

1927年4月12日，蒋介石在上海发动反革命政变，大肆屠杀共产党员、工人和革命志士，并在南京建立了代表帝国主义、封建主义和买办资产阶级利益的"国民政府"。7月15日，武汉国民党和共产党决裂而叛变革命。至此，国共合作的北伐战争，也就是第一次国内革命战争遭到失败。

开始，朱培德的思想还是倾向革命的，而且第三军里有不少优秀共产党员和进步官兵。其中以共产党员朱克靖为政治部主任的政治工作人员就达一百多人，经常进行革命教育，部队反蒋情绪激烈。后来，朱培德经不起蒋介石的压力，倒向了反动的南京政府一边。蒋介石的叛变，朱培德的倒戈，使罗炳辉的思想极为苦闷。

朱培德倒向蒋介石以后，部队在逐步变质。罗炳辉这个性情刚直、爱国爱民、富有正义感的青年军官，对新军阀部队一些贪污兵饷、吃喝嫖赌等行为，自然十分憎恨。他常讲："当兵的薪饷，只有父母、兄弟、妻子可以吃，因为当兵的人，在烈日蒸烤下或冰天雪地里，尤其是在枪林弹雨中，出生入死。当官的吃兵饷，就是喝兵血。"士兵们听这些话高兴得鼓掌，而有些军官则恨得要死。

同年 8 月 1 日，根据中共中央的决定，以周恩来为书记的中共前敌委员会和贺龙、叶挺、朱德、刘伯承等领导北伐军两万余人，在南昌举行武装起义，同时消灭了朱培德在南昌的一部分部队。

罗炳辉随军到达江西后，奉命参加"剿共"。此时，他对国民党、共产党等政治问题不是很清楚，但他在自己的驻防区域内，反对贪污腐化，主持正义公道，得到了广大人民群众的同情，送来一些德政匾和对联等纪念物。

1928 年 4 月，朱德率领南昌起义的余部和湘南起义的农军，同毛泽东率领的秋收起义部队，在湘赣边的井冈山会师，建立革命根据地。朱培德命令第九师师长杨池生和第二十七师师长杨如轩指挥五个团前往"进剿"，罗炳辉也随队前往。6 月 23 日，在赣西南永新县的七溪岭战斗中，毛泽东、朱德指挥红军凭着山险伏击成功，朱培德的五个团被打垮，六十九团伤亡最大，团长刘安华阵亡。这次"进剿"被粉碎了。红军取得了胜利。当时，有人写歌词形容这一仗：

朱毛会师在井冈，革命力量坚又强；
不费红军三分力，打败江西两只羊。
（"两只羊"指杨池生、杨如轩）。

七溪岭战斗的惨败，引起了罗炳辉的深思：在北伐中，他们从没有打过败仗，这是为什么？得出的结论是：北伐战争符合人民利益，自然得到人民的热烈拥护和支持；而蒋介石的反动军队背叛人民，失败是理所当然的。

走进中央苏区

→ 新的觉醒

1928 年冬，朱培德部缩编，罗炳辉被一批军官捏造了十大"罪状"。主要说他是共产党，他被裁减了。罗炳辉心有不甘，为此奔走于赣粤两地。此时，罗炳辉对黑暗的社会，腐败的官场看得更加清楚，也更加厌恶。他想奔向光明，无奈出路难寻，还在黑暗中痛苦地挣扎着。

1929 年春，由朱德任军长、毛泽东任党代表的工农红军第四军从井冈山下来，赣南和赣西地区的工农革命斗争迅速发展，农民协会到处出现，游击活动频繁起来。

此时，国民党当局纷纷编组地方保安团队，以图维持所谓的"地方社会治安"。在这种情况下，吉安的绅商派代表到省城，请罗炳辉前往吉安担任靖卫大队长。同时，赣、粤、闽边区"剿共"总指挥金汉鼎，正在吉安召开绥靖委员会，研究改组地方保安团队，还专门打电报给罗炳辉，要他立即去吉安，说"有要事相商"。

金汉鼎之所以要罗炳辉去吉安，一是可以借机讨好地方绅商；二是金汉鼎听了周围的人介绍，知道罗炳辉在第三军时为人正直、作战勇敢等一些情况。

那时，一些被编遣的人因生活无着，又跑到民团中去，吉安靖卫大队里就有不少是罗炳辉的旧部人员。于是，罗炳辉到了吉安，被委任为由八乡联防改编的靖卫大队大队长。这个职务对罗炳辉来讲并不称心，但由于吉安城是赣西重镇，是吉安府的所在地，位置重要，对周围各县影响大，特别是他实现了再加入军队的愿望。

开始，吉安靖卫大队辖四个中队（即四个连），共六百多人，四百多支枪，罗炳辉就任以后，迅速对靖卫大队进行了整训，淘汰了一些不良分子，补充了一些被编遣的官兵。这些被编遣的官兵都参加过北伐，经过战争的锻炼。

经过两个月的整训，靖卫大队的军容军貌有了很大改变，战斗力增强了。对此，金汉鼎和地方绅商都很称赞。

靖卫大队整训以后，奉命执行所谓"剿匪"任务，使罗炳辉可以直接地接触到共产党所领导的游击队和群众。北伐时他也曾到过赣西和赣西南这些地方，当时群众到处拥护革命军。可现在的情形完全不同，国民党部队一到，老百姓就逃跑一空，连带路的都难以找到。

在"剿匪"地区，罗炳辉看到墙壁上到处是红军写的标语："铲除贪官污吏土豪劣绅"、"抗租抗税"、"打倒帝国主义"，他便开始明白了其中的道理。

罗炳辉虽是国民党的靖卫大队长，但他看不惯敲诈勒索、欺压老百姓的行为，上级命令他带队伍去"清剿"，行动上不得不消极应付，可抓到的"嫌疑分子"问问就放了。有一次，靖卫大队捉到十几个农民老表，说是"共匪"。罗炳辉亲自审问起来：

"你们是哪里的？"

"是当地的老百姓。"

罗炳辉又问：

"为什么要追随共党？为什么要这样干？"

"国民党的苛捐杂税逼死人，横竖是死，不如跟着共产党，和国民党拼了，还有活下去的一线希望！"

罗炳辉听了这些话，联想到幼年时痛苦的生活，认为这些话讲得有道理。他看到大多数老百姓是拥护共产党的，看到共产党是为劳苦大众谋利益的。于是，他告诉士兵给被抓来的所谓"共匪"饭吃，然后每人发一块银元，把他们放走了。

之后，罗炳辉的部下又多次抓到"共匪"，都被他一一放了。

这些事，引起了当地豪绅的不满，他们纷纷指责罗炳辉"任意纵匪"，向上告他"私放共匪"。吉安县长彭和游也公开指责罗炳辉"剿匪不力"，说：

"罗大队长初任职时，很忠于职守，绅民齐声称颂。可现在却一反前是，倒行逆施，怨声载道，不知是何道理？"

　　罗炳辉理直气壮地说："我所释放者，皆系农民。他们手上有老茧，脚上有硬皮，所以放走时给他们饭吃，道远者资以盘费，这有什么不对呢？"

　　那位县长说："剿共非常时期，宁肯错杀三千，不能放走一个。你放走这么多人，难道就不会有错放的吗？"

　　罗炳辉毫不客气地说："如果施以酷刑，屈打成招，别说一个共产党，十个、百个也可能招得出来……"

　　后来，吉安县长又召开会议，要罗炳辉报告私放"共匪"的理由，报告对"共匪"为什么不"剿"的理由。罗炳辉对他们说：

　　"我的行动是为地方安宁着想。你们知道，所有的人都逃避了，这些人都是'匪'。全数杀完，田地由谁来耕种？诸位要不要吃饭？何况这些人是杀不完的，只会越杀越多，恐怕'剿'不着他们，诸位就要被剿着了。我既然不行，请另选人接替。"

　　会场上议论纷纷，有人赞成，有人反对。但大多数人从自身的利益考虑，舍不得这位训练有素的靖卫大队长，都挽留罗炳辉，要他继续干下去。

这时，罗炳辉每想到被抓来的"共匪"或"嫌疑分子"，多系无辜的农民老表时，他便十分痛心和焦虑。他开始怀疑自己："这样干下去，到底对谁有利？"

现实教育了罗炳辉，使他逐渐地觉悟了。他当时对同被编遣的曹鸿胜说："像我们这些光棍汉，在哪里都是受压迫，前两年闹北伐，以为革命成功，劳苦大众有出头之日了，哪知蒋介石翻脸，杀共产党，欺压人民。就是在他的军队里，容不得我们，才落得这样下场。我们都是异乡人，为何聚在一起受这苦？还不都是这不平等的社会造成的嘛！现在看得清楚了，只有共产党领导的红军才是为'干人'（指穷苦人）撑腰说话，替'干人'打天下的。我在这靖卫大队不过暂且安身，蒋介石逼我们上梁山，我们不如合计合计，痛痛快快地干他一场，为我们受苦人争口气，也不枉做个硬邦邦的男子汉。"

罗炳辉认为，是时候仔细考虑一下自己的未来了！

罗炳辉"剿匪"的情况和做法，引起了中共赣西特委和江西省委的注意。他们认为罗炳辉虽担任了反动的职务，但他本人是穷苦出身，正义感强，容易激发其阶级觉悟；同时认为，人是可以变的，只要有合适的人帮助教育，可以使他向好的方面转化。在认真地分析研究后，决定派人去争取他。

1929 年夏季的一天，罗炳辉在吉安乡下突然接到一封从上海寄来的信，他拆开一看，原来是他北伐时在滇军的老同事赵醒吾寄来的。

赵醒吾，云南省宾川县人，和罗炳辉同岁。在昆明法政学校法律系读书，思想进步，参加新文化运动的宣传，被学校开除，1922年逃奔广州，参加了属孙中山革命政府领导的滇军，1924年加入中国共产党，调到朱培德的拱卫军当参谋，和罗炳辉共事了一段时间。后来，赵醒吾当了杨如轩师的上校副官长。中共江西省委得知赵醒吾与罗炳辉的关系，为了发展壮大党的武装力量，决定派赵醒吾去做争取罗炳辉的工作。

经过几封书信交流，相互有了更多的了解。在赵醒吾的催促下，罗炳辉离开繁忙的"剿匪"前线，两人在吉安罗炳辉的靖卫大队部秘密会面。

老友相逢，便畅谈起来。罗炳辉毫不掩饰地表示了对蒋介石叛变革命不满，对一些官僚政客不抱任何希望。接着，他向赵醒吾询问今后应该怎么办。

赵醒吾见罗炳辉正义感很强，便引导他说：

"你是个带兵的人，深知枪杆子的重要。但要真正发挥枪杆子的作用，带兵的人必须有一个清醒的头脑。在当前时形势下，应该认真想一想：孙总理的'三大政策'还要不要？救国救民的真正出路在哪里？怎样做才能对工农大众有利？"

罗炳辉的思想受到很大的震动，他沉思起来：他对孙中山先生的遗嘱忘记了没有？下乡"清剿"是否对共产党太厉害了？对劣绅诬害农民之词是否听得太多了……

通过两次面谈，在赵醒吾的进一步启发开导之下，罗炳辉恍然大悟，对中国共产党的政策主张有了清醒的认识，决心脱离反动民团，跟着共产党走，为天下劳苦大众而战。表示要加入中国共产党，做一个像赵醒吾这样的人。

赵醒吾在离开前对罗炳辉说："过两天另外有人来找你谈话。"

两天后，中共赣西特委书记刘士奇和江西省委军事巡视员蔡升熙，分别找罗炳辉谈话，对他进行进一步的考察和了解。

1929 年 7 月，罗炳辉改名"罗南煌"，秘密填写了入党志愿表，加入中国共产党，介绍人是赵醒吾（化名赵达生）、

△ 红军时期的罗炳辉

刘士奇、蔡升熙。一周后，罗炳辉接到通知，中共江西省委已批准他为中共正式党员。这时，他已经 32 岁了。

经过许多坎坷曲折的罗炳辉，在寻求真理、走向光明的道路上，终于在他的启蒙人赵醒吾的帮助下，在思想上实现了由三民主义到共产主义的转变，走上了革命的征途。

➡ 吉安起义

★★★★★
（32 岁）

罗炳辉入党以后，遵照党的指示，忠实地进行工作。他首先加强了对靖卫大队本身的控制，把武装力量牢牢地掌握在自己手里。他有意识地讲工农的痛苦，讲军阀和官僚、地主、资本家的剥削，以启发士兵的觉悟，同时，他用自己的全部积蓄，买了三十多支步枪，四支驳壳枪，给士兵每人发了一件毛衣，还在连队中团结了可靠分子。那时，国民党军官经常克扣士兵薪饷，而他却这样关心士兵生活，因而大家对他非常尊敬。

罗炳辉利用职务之便，掩护党的工作，使吉安当时的革命斗争和党组织得以顺利发展，赣西特委1929年8月13日给江西省委的报告中，满意地汇报了赣西政局情况、秋收斗争与游击战争情况、各县组织状况，其中写道：吉安以至整个赣西地区，农民抗租斗争正在发展；游击战争正在扩大和深入；"吉安城市工作近来组织上已有新的发展，计有10个支部87人"。对于吉安以及吉安府所辖各县报告共产党活动的情况，凡是经过罗炳辉的，他一方面设法向当地机关解释，麻痹敌人；另一方面，及时向党组织密报，帮助不少革命同志脱险。

革命形势愈发展，敌人愈感到害怕，"清剿"也就越频繁。一天，罗炳辉突然接到湘军旅长成光耀的通知，要他立即参加"剿共"、"剿匪"秘密会议。到会的还有各县长、公安局长、旅参谋长、驻军的团长，会议戒备森严，楼门紧闭，所随的副官、马弁均遵令远离。

这次会议开到晚上8点才准许离开旅部。罗炳辉想：成光耀想一网打尽的计划很毒辣，吉安城的同志这么多，必须迅速通知他们转移。于是他立即赶到联络点，去找赣西特委书记刘士奇，可到晚上10点还没有找到，急得他满头大汗。正在着急时，刘士奇来了。罗炳辉把会议的情况向刘士奇作了详细汇报。他们分手时，已经11点了。

第二天拂晓，吉安城进行了搜查，抓到"嫌疑犯"八九百人。

由于提前作了准备，特委和区委迅速转移。

但这天中午12点时，刘士奇来告诉罗炳辉说有两个共产党员被捕了，要他设法营救。罗炳辉问明了情况，立即写了字条，说明这两个人是被误抓的，看押的人看到罗炳辉写的条子，二话没说，就立即把两个被抓的共产党员释放了。

知道罗炳辉政治态度的人愈来愈多，他的处境也愈来愈困难。到10月下旬，社会上就流传"靖卫大队赤化了"。地方绅商怕靖卫大队真的赤化，也向他提出要把分散在乡下的靖卫大队集中到吉安城内来整顿。

形势的急速发展，不允许再拖下去了。于是，赵醒吾提议，并经江西省委批准，以罗炳辉所掌握的武装为基础，联合杨必恭所掌握的吉水县靖卫大队，由江西地方红军独立第二、第三、第四团相配合，预定在苏联十月革命节 (11月7日)，举行以吉安为中心的数县总暴动，以打开赣西地区革命斗争的新局面。为了领导好这次暴动，还确定由派来协助赵醒吾工作的赵镕和罗炳辉负责组织。

为了实现起义的计划，罗炳辉除加强靖卫大队本身的整顿和控制外，还派出可靠人员到附近县里民团进行串通，争取更多的人起义参加红军。

正当暴动计划紧张进行的时候，形势突然恶化。共青团江西省委书记曾道懿（化名张铭传）叛变，中共江西省委机关被抄，敌人从省委文件上发现"罗杨两部（指罗炳辉、杨必恭的两个靖卫大队），更加强工作……"的字样。在吉安出版的小报上，还刊登"赵某往来策划，……罗杨有异动，……希吉安当局予以注意"的消息。

由于形势的急速逆转，赵醒吾准备提前发起暴动。不料，敌人抢先一步采取了行动。

10月底的一天，驻吉安城的湘军旅长成光耀突然召开维持地方治安的军事会议。决定当天晚上组织全城规模的大搜捕，要求将吉安共产党的嫌疑机关一律封闭，嫌疑分子一律逮捕，规定9时戒严，10时开始行动。

这天晚上8点，罗炳辉迅速到接头地点的大陆旅馆报告。特委书记刘士奇知道后，立即率特委机关一部分撤离了。可是，赵醒吾因当时通知不到而遭到逮捕，分布在其他联络点的一些共产党员也遭到逮捕，准备用里应外合手段夺取吉安的计划全部被敌人所破坏。这使得罗炳辉处于万分危险之中，他也被敌人秘密监视起来。

吉安当局命令罗炳辉立即将靖卫大队集中到吉安城来整顿，当时，罗炳辉和大队部在吉安城，队伍分散在乡下。他便趁机提出要求，给士兵发饷才能召回，当局马上发给3000元。他趁机离开吉安城到达乡下植夏镇，焦急地等待党组织的指示。

过了两个星期，接到曾山转来特委的密信，指示罗炳辉条件成熟，立即起义。

罗炳辉接到特委的密信，立即着手起义的具体准备：开始集中队伍，并秘密把城内的武器弹药和现款运到乡下；对各队可靠分子专门作了布置，对来往书信严加检查；对驻军进行侦察，加强警戒，防止驻军采取突然行动；在靖卫大队内部，进一步启发士兵的觉悟。同时，对成光耀派来监视他的一个副官也设法打发走了。

罗炳辉起义的前两天，他检查到地方绅商写给靖卫大队二队队长的秘信，说"罗大队长已赤化，望注意"等等。查到这封信以后，罗炳辉更加警觉，日夜防备不测。

11月15日凌晨4点，二队一个可靠的分子跑来向罗炳辉报告：二队队长在半夜1点钟带着两个人走了，说是去查哨，可至今还没有回来。

形势紧急，迫使罗炳辉采取断然措施：他把可靠的队伍立即集合起来；对反动的土豪武装——第三队全体队员，实行徒手集合，把他们的枪全部缴了。接着，罗炳辉集合全体人员讲话。他对大家说：

"吉安地方的绅商对我们靖卫大队不相信，要骗我们到吉安城去缴械，二队队长已在半夜里跑了，再过几个小时，吉安就有队伍来'剿'我们。

现在摆在我们面前的路有两条：一条是送死，另一条是另找出路。"

绝大多数士兵表示要和罗炳辉生死在一起，要罗炳辉带领他们另找出路。

罗炳辉见时机成熟，立即宣布起义，与红军联合。他还宽慰士兵，有可靠的朋友在那边，大家不要怕。于是，他率领着四五百名官兵，以急行军到达赣西革命根据地新圩，受到刘士奇、蔡升熙、曾山等领导同志以及当地群众的热烈欢迎。

在欢迎大会上，赣西特委书记刘士奇作了热情洋溢的讲话。他说：

"同志们，你们辛苦了，你们冒着生命危险起义参加红军，我代表赣西特委对大家表示热忱的欢迎和亲切的慰问。从今天起，你们就是中国工农红军的战士了，在共产党领导下，为穷人闹翻身求解放，英勇作战！"

刘士奇还在大会上宣布，起义的原吉安靖卫大队编为中国工农红军江西独立第五团，由罗炳辉任团长。

罗炳辉激动得热泪盈眶，代表起义官兵表示了决心。接着，他带头把帽子上的青天白日徽摘了下来。从此，这个靖卫大队得到了新生，与腐朽的旧社会作了彻底的决裂，走上了真正光明的道路。

三个月以后，吉安起义的组织者、罗炳辉的启蒙人和入党介绍人之一的赵醒吾，在党组织反复营救无效后，不幸被国民党反动当局杀害。罗炳辉得知这个消息后，十分沉痛，决心狠狠打击国民党反动派，用战斗的胜利来为烈士报仇。

罗炳辉发动吉安起义，是在革命处于低潮时期，从强大敌人的营垒中冲杀出来，投奔革命队伍的。尽管原定的起义计划未能完全实现，但他能把靖卫大队拉出来是很不容易的。它对国民党反动阵营是一个沉重的打击，壮大了赣西和赣西南革命根据地的力量。

→ 会见朱毛

1929 年 11 月，罗炳辉率部起义后，抓紧整训部队。经过短期教育和训练，部队面貌焕然一新。在罗炳辉的指挥下接连打了几个漂亮胜仗，歼灭敌人六百多，缴获了大批枪支弹药，充实和改善了红军的装备，壮大了自己的队伍。这时上级决定江西红军独立第五团与独立第四团合并，番号称独立第四团，罗炳辉仍任团长。

由于罗炳辉率领红四团接连打胜仗，加之又重视部队本身作风纪律的整顿，因而苏区领导机关和人民群众都反映很好。中共江西省委巡视员张怀万在 1930 年 4 月 5 日向党中央报告巡视赣西南情况时，称赞罗炳辉率领的红四团"战斗力甚强"。

1930 年初，从福建率领红四军到达赣西南的毛泽东来到红四团的驻地看望罗炳辉的部队。对毛泽东的到来，罗炳辉非常高兴。他对毛泽东久闻其名，而且很敬佩。

这天上午，罗炳辉兴奋地告诉值班员："毛委员从福建来看我们，赶快集合部队，请毛委员讲话。"

有人问："是哪个毛委员呀？"

罗炳辉说："是毛泽东同志喽！"

毛泽东这个名字，对起义官兵来说并不陌生，都知道"朱毛红军了不起"，早想见到他了。大家列好队，听说毛委员要讲话，又惊又喜，迫切地等待着。不少人还想，毛委员是个大人物，大概要坐轿子来，穿的也一定会很好。

大家正在猜想的时候，罗炳辉突然发出口令：

"立正！现在请毛委员给我们讲话！"

原来，毛泽东就站在集合队伍的旁边。他身材高大魁梧，走到队伍前面，大家见他穿的黄棉衣，背后有两个洞，还没有来得及补好，裤子也补了补丁，穿的胶鞋也快磨烂了，大家都感到惊奇，没想到这样一位大人物竟跟普通战士穿着一个样儿。

毛泽东讲话时湖南口音很重，但清晰而洪亮。他说：

"同志们，知道你们起义了，到红军里来了，我们很欢迎，很欢迎呀！你们辛苦了，据说最近还打了不少胜仗，你们不错，是值得庆贺的。"

毛委员的到来，对罗炳辉和红四团全体干部战士是巨大的鼓舞。

不久，红军领导人朱德也来到红四团看望部队，罗炳辉对朱德一直很敬佩，这次又见到他自然十分高兴。朱德称赞罗炳辉的起义，称赞红四团接连打胜仗，勉励他们继续努力，消灭更多的敌人。

同年1月，为加强赣西南地区的对敌斗争，赣西特委、湘赣边特委和红五军军委联席会议决定，将江西工农红军独立第二、第三、第四、第五团和永新、莲花、宁冈等县的赤卫队集中起来，编为工农红军第六军，黄公略任军长，赣西特委书记刘士奇兼任政治委员（后由陈毅接任）。红四团与新建不久的红五团合编为第二旅，罗炳辉任旅长，归红六军建制，随即改称第二纵队，辖第四、第五两个支队，罗炳辉任纵队司令员，曾炳春任政治委员。中共红六军军委成立时，罗炳辉是委员之一。

红六军的建立，对推动赣西地区的军事斗争和苏维埃政权建设的发展具有重要意义。

同年2月，毛泽东在吉安县东固区陂头村的梁家宗祠，主持召开红四军前委、赣西和赣南特委、红五军、红六军军委联席会议。称"二七会议"。参加会议的有黄公略、刘士奇、曾山、宋裕和等四十余人，罗炳辉也参加了这次会议。毛泽东在会上作了《关于政治形势和党的任务》的报告，还称赞罗炳辉是一心追求真理的起义将军。会议通过讨论，决定了党在当前的主要任务是扩大红军，开展土地革命，扩大苏维埃区域。

罗炳辉出席二七会议，同许多领导人见了面，听了毛泽东的重要报告，参加了许多重大问题的讨论，特别是关于解决贫苦农民土地的问题，使他受到了深刻的教育。罗炳辉少年时潜藏在脑子里打恶霸、救穷人的思想被引发出来，进一步懂得了土地革命的道理，更加坚定了革命立场。

同年3月15日，中共赣西南地区党的第一次代表大会召开，正式产生了赣西南特委，刘士奇任书记。随即成立了赣西南苏维埃政府，曾山任主席，罗炳辉当选为执委委员。

→ 转战湘赣

★★★★☆

（33-34岁）

1930年2月，对赣西南红军的胜利和革命斗争形势的发展，国民党江西反动当局感到很震惊，迅速拟订了江西"分区防剿计划"。但由于兵力不足和士兵厌战，加之红军的战术灵活，又有人民群众的支援，因而处于被动地位：攻，则徒劳无功，疲于奔命；防，则不能互相呼应，不胜其扰。面对这种状况，国民党江西省政府主席鲁涤平又采取了"防剿"新措施，包括对一些县城加固城墙、增筑碉堡；增编四个保安团，省政府增设保安处；等等。但这种"临渴掘井"的措施，缓不济急，无济于事，只好搬兵求援。

当时蒋介石的正规军都投入军阀混战，连一个团也抽不出来。鲁涤平只好向湖北绥靖主任刘峙求援，才于不久前从鄂南调来了独立第十五旅唐云山部。唐云山自恃是黄埔一期学生，是蒋介石的嫡系部队，装备比较好，低估红军的力量，误以为"歼灭"红军主力的机会到了。唐旅到吉安后，鲁涤平命令十八师的朱耀华旅为掩护，由唐云山旅为"进剿部队"，担任正面先锋，向东固搜索前进。

朱德、毛泽东根据上述敌情，改变了在二七会议上确定的进攻吉安的计划，将红四军和红六军第二纵队即罗炳辉纵队，集中于根据地内的富田地区，相机歼灭唐云山部。2月24日，唐云山率部由北向南出动，孤军深入，兵力分散，开始遇到农民赤卫队阻击，唐云山毫不在意，指挥部队追击。当其两个营到达水南时，红军主力立即实施猛烈进攻，经激烈战斗，将该敌大部分歼灭，余部逃向施家边，企图会合其主力，依托在山上构筑的工事固守。25日，红军以一部向敌之侧后施家边迂回，集中主力向进到值夏、富滩的敌人发起猛攻，经一天激战，歼唐云山旅大部，俘敌官兵一千六百余人，缴枪两千余支、机枪十八挺、迫击炮十余门，以及大批弹药和装备器材，唐云山负伤化装逃跑。

在这次战斗中，罗炳辉率红六军第二纵队从一个方向进攻，英勇顽强，为歼灭唐旅作出了贡献。这是罗炳辉率部起义后参加的第一个大仗。

歼灭了唐旅，红军军威大振，装备得到补充，实力更加增强，使赣西南革命根据地得到巩固和扩大，也使江西省的反动武装和土豪劣绅大为恐慌。

同年6月，中共红四军前委和闽西特委在长汀举行联席会议，根据中共中央5月中旬在上海秘密召开的全国红军代表会议的精神，为适应以游击战为主向以运动战为主的战略转变的需要，决定将中国工农红军第四、第六(不久改称第三军)、第十二军组成第一军团(开始时称第一路军)，朱德任总指挥，毛泽东任政治委员。同时成立了中共第一军团前委，毛泽东任书记。所属三个军：红四军，林彪任军长，彭清泉任政治委员；红六军，黄公略任军长，陈毅任政治委员；红十二军，伍中豪任军长，谭震林任政治委员。由于伍中豪因病未到职，由罗炳辉任红十二军代理军长。不久，伍中豪牺牲，罗炳辉任军长。

红十二军由闽西地方红军六个独立团于当年四月合编而成。在此以前，他们是乡、县的赤卫队和游击队，已经过了一年多斗争的锻炼。这次编组时，又调进原红四军的第三纵队为骨干，并加以充实，战斗力有了加强，但此时装备不足，兵员有限，只有两个纵队。

同年6月11日，中共中央政治局在上海召开会议，通过了《新的革命高潮与一省或几省的首先胜利》的决议，以李立三为代表的"左"倾冒险主义在党中央取得了统治地位。这个错误的决议，过低估计反革命的力量，过高估计革命的力量，要求各地红军攻打中心城市，并且命令红一军团夺取南昌、九江，消灭鲁涤平。

同年6月下旬，朱德、毛泽东在组织上服从党中央的命令，率红一军团主力从福建长汀出发，挥师北上，边走边做群众工作，筹款，扩军，于7月20日到达南昌西南的万寿宫、生米街地区，并派罗炳辉率部进逼牛行车站。毛泽东考虑到南昌城坚固难攻，没有机械地执行冒险计划，而是从实际出发，耐心地说服教育干部不要打南昌。罗炳辉在北伐时参加过攻打南昌的作战，深知南昌城防坚固，拿红军当时的装备来攻打有重兵把守的大城市，等于用鸡蛋碰石头，是不可能取胜的，因而他坚决拥护毛泽东关于不打南昌这一正确主张。

8月1日，罗炳辉奉命率部攻击牛行车站，隔着赣江向南昌鸣枪示威，以纪念南昌起义三周年。随后率部随朱德、毛泽东转兵西进，至安义、奉新地区休整待机。此时，朱德、毛泽东从报纸上获悉湖南敌军正向红三军团进攻，为支援红三军团，并求得打开湘鄂赣边区的局面，决定向湖南挺进。

同年8月中旬，红一军团到达万载以西的黄茅时，进一步得知追击红三军团的湘军第三纵队四个团进至文家市地区。该市位于湖南浏阳县城东南,靠近江西边界,地势险要,为湘赣边区的军事要地,周围是革命根据地。红一军团前委决定趁该敌立足未稳,全歼该敌。8月20日,红一军团奔袭文家市,一举歼灭第三纵队三个团又一个营,俘敌一千余人,击毙敌纵队司令兼旅长戴斗垣,缴获长短枪一千五百余支,机枪三十余挺,获得了红一军团成立以来的第一次重大胜利。在攻打文家市的战斗中,罗炳辉带着两个连走在前面,当侦知敌人有从文家市撤退的迹象后,立即指挥部队猛扑上去,争取了战斗的胜利。

文家市战斗后,红一军团到达浏阳东北永和市,与由长寿街南来的红三军团会合。两个军团的前敌委员会举行联席会议,决定成立中国工农红军第一方面军及党的第一方面军总前敌委员会和中国工农革命委员会,朱德任方面军总司令,毛泽东任方面军总政治委员、总前委书记和工农革命委员会主席。方面军下辖第一、第三两个军团,罗炳辉率领的红十二军仍属红一军团建制。

此时,红一方面军总前委决定以"消灭何键部队,进占长沙"为目的,于8月25日开始向长沙推进,当获悉长沙有敌十万重兵把守，且筑有坚固的防御工事的情报后，总前委遂决定："诱歼敌军于工事之外，然后乘胜攻入长沙。"9月3日，长沙之敌第三十一师两个多团的兵力向外出击，在方面军总部的统一指挥下，罗炳辉率红十二军和红三军团、红四军一道，向长沙出击之敌大举反击，将敌人歼灭在赣江边上，仅俘虏的即达一千余人。后获悉增援长沙的国民党军已到湘潭，总前委改变部署，于9月12日撤长沙之围，转到株洲、萍乡地区待机和休整。9月下旬，决定攻打吉安城。

吉安是位于赣江中游的一个中等城市，是水陆交通和物资集散中心，周围都是革命根据地，敌人仅控制着一座孤城。但吉安工事坚固，以前曾几次准备攻打，均因情况变化而未能实现。

10月4日，在朱德、毛泽东的指挥下，罗炳辉率红十二军和红四、红三军以及赣西南的地方红军第二十军，一举攻占吉安城，守城的敌军邓英部被歼，大部趁夜狼狈逃窜。

打下吉安城意义重大，苏区人民受到了鼓舞，赣西南革命根据地得到了巩固和发展，引起江西、湖南敌人的极大恐慌。1931年9月，赣西南特委关于《赣西南的(综合)工作报告》指出："一方面军由湖南转入江西，夺取了吉安，打败邓英，一时更形成了赣江中段、南段一片红色区域。"

攻占吉安以后，红十二军军部就驻在吉安城内。在吉安，罗炳辉充分利用情况熟悉的有利条件，领导部队做群众工作，筹款，扩兵。罗炳辉亲自向自愿参加红军的一百多名青年讲话，说：

"同志们，我们热烈欢迎你们参加红军。红军是工农子弟兵，是为人民闹翻身求解放的军队。红军要打土豪分田地，要打倒欺负中国人民的帝国主义走狗蒋介石反动派。同志们参加红军很光荣，红军里上下一致、官兵一致、亲密团结。但是，红军有铁的纪律，要坚决服从命令听指挥，这是军人的天职。我们要加强军事训练，努力学习，英勇作战，不怕流血，不怕牺牲……"

　　罗炳辉洪亮的声音，朴素的衣着，魁梧的身材，给红军新战士留下深刻的印象。当时参加红军时只有 14 岁的刘昂，在 50 年后回忆罗炳辉当时讲话的情景和他的感受时写道：

　　他声若洪钟，越讲越起劲。我边听边好奇地打听讲话的是谁。一位带新兵的同志告诉我说：'这就是我们红十二军的军长罗炳辉！'听这么一说，我惊喜地睁大眼睛看着他，越看越觉得他朴实亲切，不像当官的，使我油然而生敬意。从此，罗炳辉同志的高大形象就深深地印在我的脑海里。

　　打下吉安后，罗炳辉以红十二军教导队为基础，加以补充、扩编，成立第三纵队。这样，红十二军就有三个纵队，部队力量充实了，战斗力有了新的提高。不久，他所属的第一、第二、第三纵队，依次改称为第三十四、第三十五、第三十六师。

同年10月7日，江西省苏维埃政府成立，在吉安城召开了省苏维埃委员会第一次会议，选举曾山为省苏维埃政府主席，罗炳辉为执行委员会委员。

此时，对打大城市的问题仍然没有完全解决，有少数人坚持要按"立三路线"去打大城市。为此，红一方面军总前委于10月17日在峡江县城召开扩大会议，毛泽东、朱德、彭德怀、滕代远和军长、政委以及地方党组织的领导人都参加了，罗炳辉也参加了这次会议。毛泽东在会上反复阐述当前的形势，说明不能打大城市的理由，强调要在广大的农村建立革命根据地，终于说服了大家放弃进攻南昌、九江的主张。这次会议，解决了红军当时向哪里发展的重大问题，为粉碎敌人的第一次"围剿"创造了有利条件。

从反"围剿"到长征

(1931—1936)

→ 反"围剿"大捷

★★★★★

（34—36岁）

从 1930 年底到 1933 年初的两年多时间，蒋介石对红军和苏区发动了四次"围剿"，每次"围剿"的兵力都比上一次多，从第一次"围剿"的十万人到第四次"围剿"达六十多万人。

这四次残酷的"围剿"，都被毛泽东、朱德统率的红军粉碎了，红军的力量一次比一次壮大，苏区的领域也一次比一次扩大。总计在四次反"围剿"后，中央苏区扩大到湘、赣、闽、粤四省边界，并与闽、浙、赣苏区连成一片。包括了二十多个县约二百五十万人口，中央红军发展到十万人，在川陕边的红四方面军发展到八万人，连同全国其他苏区，当时红军总兵力达三十万人。

罗炳辉所率领的红十二军，在第二次反"围

剿"战役中，担负了攻打闽西的沙县、邵武等地的国民党军的任务，并胜利地完成了这个任务。

到第四次反"围剿"之前，即1932年初，以博古为首的临时中央政治局从上海迁到了苏区，开始控制红军，排斥毛泽东对红军的领导，命令攻打赣州城，使红军遭受很大消耗。后来不得已接受了毛泽东的建议，决定红一军团、五军团向外线出击，到闽西、闽南去发展，红三军团则到湘赣边去发展。

红一军团、五军团于1932年4月占领闽西的龙岩。当时，罗炳辉率领着红十二军，在上杭、武平地区，警戒广东方面的敌人，掩护入闽的红军主力的后路和右侧翼。

红军主力在龙岩休整后，经过周密侦察及部署，于4月20日一举占领了漳州，并乘胜挺进到石码（龙海）、长泰、漳浦、云霄、平和等县镇，歼灭了福建军阀张贞的主力四个团。在完成了筹款、扩大红军的任务后，红军又回到闽赣边休整。

6月底，广东陈济棠、余汉谋部十八个团，大举入侵赣南苏区，分布在赣州、南康、大余、上犹、扬眉寺、信丰、南雄等地，与赣州以北蒋介石五个师及湘南何键两个师互相策应，向中央苏区进逼。这是国民党反动派对中央苏区第四次"围剿"的前奏。

中央军委决定由朱德亲自指挥，以一、五军团和独三师由信丰向南雄进攻，威胁韶关和广州，估计国民党各路军将回援南雄，那时将集中一、三、五军团、十二军及独三、独六师，在运动中歼灭陈济棠、余汉谋的部队。

7月初，红五军团开始向进到南雄及其附近水口圩的敌军反击，红五军团攻击十分勇猛，敌军败退固守水口圩一带高地，并加强对水口圩的增援，对红军的抵抗也很激烈。由于情报的误差，红五军团把敌人九个团的优势兵力，当成三个团的劣势去打，因此战场形势对红五军团愈来愈不利。

朱德了解到这个情况后，急调红一军团、罗炳辉所率领的红十二军，迅速开向水口圩方面，增援红五军团。敌我双方的主力，当即在粤北赣南交界处的水口圩周围地区及浈水河畔，展开激烈的冲锋肉搏战。

这是一场恶战，粤军以兵多势众，弹药充足，固守南雄水口圩阵地的优势，加之参战军队素以"铁军"自居，想拼命守住广东北方的大门口。红军为了保卫苏区，保卫土地革命的成果，也都奋勇冲杀，和敌人展开肉搏战。战场上一片喊杀声、冲锋声，步枪、手榴弹都起不了作用，只有刺刀和大刀在夕阳的余晖下闪闪发光，分不清敌我阵地的界线。战场上到处是尸体，鲜血染红了沟渠中的流水。

罗炳辉紧张地指挥部队，冲击敌人，这是他在苏区反"围剿"战斗以来未曾遇到过的激烈的肉搏战。

水口圩战役总共击溃陈济棠、余汉谋20个团，本来是很大的胜利，但因为军事情报出了差错，兵力分散，没有完全歼灭敌人，也没有大的缴获，打的是消耗战。

但水口圩战役使陈济棠认识到了红军坚强的战斗力，他为了保存实力，命令粤军全部从赣南苏区撤退。在粤军下层中，流传着"铁军"碰到了"钢军"的传说。

→ **红九军团长**

★★★★★

（36 岁）

蒋介石在国内不断以重兵"围剿"红军和苏区，但对日本帝国主义自九·一八事变以来的军事侵略，却一贯采取不抵抗政策。十九路军在上海的一·二八抗战，被国民党反动派压下去了。中华苏维埃临时政府和红军提出在停止进攻苏区、保障人民的自由权利、武装人民的三个条件下，愿与国民党订立抗日协定，也被蒋介石以"攘外必先安内"为由拒绝了。

1933 年 10 月，蒋介石又调集了 100 万大军，200 架飞机，对苏区开始了第五次"围剿"。这一次，蒋介石亲自任"剿匪"总司令，在庐山设立军官训练团，聘请了德、意、美等国大批军事教官及顾问，指导进攻红军的战略战术。敌人改变了前四次"围剿"中采用长驱直入的战略，代之以层层建筑碉堡，逐步推进，寻找红军主力决战的持久战略和堡垒主义的战术。

敌情虽然很严重，但当时中央苏区的红军有10万人，全国红军有30万人，国内形势由于日本的侵略，民族矛盾逐渐超过阶级矛盾，反蒋抗日运动到处兴起。那时若能继续运用过去四次反"围剿"的经验，继续采用毛泽东、朱德制定的诱敌深入，在运动战中集中优势兵力歼灭敌人的战略战术，第五次"围剿"还是可以粉碎的。

但是，当时由王明"左"倾路线统治着的中共临时中央，于1933年1月迁到苏区之后，完全夺取了毛泽东、朱德对红军的指挥权，在第五次反"围剿"开始时，采用"全线出击"的冒险主义的战略，对敌进行攻坚战，以后又实行全线抵御，"以碉堡对碉堡"，处处设防，节节抵抗。完全放弃了过去行之有效的大进大退，调动敌人，诱敌深入，聚而歼之的战略战术。在这种战略指导下，兵力分散，面对数倍于我之敌冒险攻坚，打消耗战，无法歼灭敌人，结果保不住根据地红色江山。

第五次反"围剿"开始后，罗炳辉曾由红十二军军长调任红二十二军军长，1933年6月初，一方面军进行了一次大整编（滕田编队），将一军团部队合编为第一师和第二师（每师约五千人），第一师的师长是罗炳辉，政委蔡树藩。刚改编结束，一军团就开向宜黄方面阻击国民党部队。这次战斗，一军团是主攻，五军团是助攻，三军团是总预备队。罗炳辉的第一师会同第二师担负了围攻宜黄敌军的攻坚任务，他指挥红军，分路攻击敌人阵地，并且取得了一些局部胜利，但是由于红军是在敌人堡垒与重兵之间实行"短促突击"，只能打消耗战，而敌人的飞机大炮通讯联络都比红军强，敌人的工事也十分坚固，红军对宜黄的攻击始终未能奏效。

1933年12月，中央军委又决定成立红七军团和红九军团。七军团的军团长为寻淮洲，政委萧劲光。九军团的军团长为罗炳辉，政委蔡树藩，政治部主任黄火青。九军团成立的地点，在闽西建宁县的康庄，它直接管辖第三师及第十四师。第三师原来是瑞金师，由瑞金模范团扩充而成。第十四师是宁都师，是由宁都的地方武装建立起来的。

九军团成立后，立即奉命配合一军团，在棠阴附近突破敌人封锁线，北上袭击敌人。在云蓝山、大雄关与敌军展开激战，敌人的飞机、炮火猛轰红军阵地，战斗十分激烈，双方伤亡都很大，双方都同时后撤休整。这是打僵持战。红军又未能歼灭敌人，也不能驱逐敌军。

更为荒谬的是，当蒋介石于1934年4月以十一个师围攻中央苏区的广昌时，"左"倾冒险主义者竟要求红军只能在原地进行单纯的阵地战和消耗战。

当时，毛泽东曾建议红军突围向苏浙皖地区敌人后方挺进，调动敌军，歼灭敌人有生力量，以达到粉碎第五次"围剿"的目的。但"左"倾冒险主义者却调集了红军主力一、三、九军团共九个师，同敌人决战，打了18天。罗炳辉率九军团和一、三军团部队一起，英勇作战，不顾严重牺牲损失，死守阵地，但最终还是保不住广昌。

九军团在这次广昌战斗中，担负的任务是坚守广昌以北的白舍一带的阵地，侦察敌人兵力，牵制及推迟敌人对广昌的进攻。罗炳辉指挥所属的第三师和第十四师，昼夜不息地守住阵地，有时突击敌方阵线，有时连续击退敌军的冲锋。

有一次，敌人在冲锋前进行迫击炮、野炮的火力射击，罗炳辉的指挥所前落下一颗炮弹，罗炳辉听见炮弹在近空飞来的声音时，急忙做手势要警卫员和身边的参谋，迅速扑倒在地面。与此同时，炮弹落地爆炸了，飞溅的沙土落到他们身上。这时，罗炳辉又急忙命令参谋和警卫员，冲到前面新地点扑地卧倒。此时，另一颗炮弹就在他们原来卧倒的地方爆炸了。后来问他为什么知道第二个炮弹要落的地方，他告诉参谋说：他当过炮兵，知道炮弹射击的规律，这是应该知道的常识。

18天后，红军奉命撤出战斗，九军团的第十四师几乎打光了，只有一二百名伤兵，第三师伤亡也很大，没有补充。

在第五次反"围剿"过程中，中央军委曾于1934年7月命令寻淮洲、粟裕率领的红七军团，从江西瑞金出发，经闽浙边转入

△ 红九军团军团长罗炳辉

赣东北，与方志敏率领的红十军组成"北上抗日先遣队"，挺进到江南抗日前线。九军团奉命掩护红七军渡过闽江，从连城的大陶、小陶过河，在南平至福州中间的尤溪、闽清渡江。罗炳辉指挥九军团占领了尤溪以东的樟湖坂、谢坊、吴坊等地，掩护红七军过江后又奉命回到苏区。

樟湖坂是个大镇，九军团在那里缴获了九万斤盐，在尤溪缴获了敌人三万斤炸药，这在当时国民党严密封锁苏区的情况下，是一批救命的物资。当时一块白银只能买到一二两盐。部队中流传着这样的说法："请得起一顿肉，请不起一顿盐。"中央军委命令九军团把盐和炸药都带回苏区。当时没有汽车、船只，只能用部队自己的人力和仅有的畜力，把这十几万斤物资背运回去，而九军团当时仅有四五千人。罗炳辉和军团党委研究后，决定全军指挥员都不骑马，把马匹用来驮盐和炸药，其余分给战士背。

1934 年 8 月底，红一军团、九军团等部队，又奉命在福建建宁、泰宁一带作战。在长汀以南的温坊 (文坊) 战斗中，一、九军团等部队不顾 "短促突击" 的框框，采用运动战的打法，歼敌四千多人，俘敌两千四百多人。但这种局部胜利并不能粉碎敌人的第五次 "围剿"。

→ 突破封锁

★★★★★

（37 岁）

从 1933 年 9 月到 1934 年 10 月，中央苏区和中央红军在 "左" 倾路线指导下，和国民党反动派的百万大军作战，红军不断消耗，苏区不断缩小，最后苏区的兴国、宁都、石城一线相继失陷，粉碎敌人第五次 "围剿" 的希望完全丧失。这时的中共中央领导不得不仓促决定中央红军 (一方面军) 主力撤离苏区，向外突围，否则红军不能自保。

当时从鄂豫皖苏区转移到川陕边的红四方面军，粉碎了敌人的进攻，开辟了川陕苏区。红六军团从湘赣边苏区突围到湘西，与贺龙将军率领的红三军会合，成立红二军团、红六军团。

中央军委的打算是中央红军突围后到湘西与红二、六军团会合。

罗炳辉率领的红九军团，奉命在汀州、连城方向监视敌人，掩护红军主力进行突围转移的准备。一天，军团的领导人在《红色中华》报上读到了洛甫（即张闻天，当时是中央书记）的文章《一切为了苏维埃》，指出为了消灭敌人，应突围出去，由此知道中央要作撤退转移。1934年10月11日，接到了中央军委要部队进行突围的命令。

1934年10月中旬，中央红军（一方面军）留下三万余人，在江西苏区坚持游击战争，主力红军第一、第三、第

△ 罗炳辉（右）与贺龙

五、第八、第九军团，连同后方机关共八万六千多人，从福建的长汀、宁化，江西的瑞金、于都等地突围，开始了长达二万五千里的长征。群众在村头村尾给红军送行。

中央红军的行军阵形分为左、右两路，左前方是一军团，右前方是三军团，中间是中央纵队（中央机关），左后方是九军团，右后方是八军团，后卫是五军团。

蒋介石指挥广东军队，在江西南部，设置堵截红军的第一道封锁线。红一军团在安远和信丰间的版石墟一线碉堡群中，击退了敌军，三军团也占领了古陂。粤军退守信丰、安西、安远三据点，一、三军团即监视这三个据点，让中央纵队及后续部队从这三个据点之间穿过西进。

当九军团从安西附近经过时，国民党广东军队为了保存实力全线退却，派出两个连向红军袭击。罗炳辉指挥九军团部队将敌击退。就这样，敌人的第一道封锁线被冲破了，红军日夜不停地继续向西进军。

蒋介石的第二道封锁线设在湖南桂东、汝城到广东城口一线的山上。这里布满了碉堡群，但守军多是保安部队，国民党正规军则驻在纵深处的内线。红军先头部队神速机智地夺取了城口，并以一部兵力监视汝城之敌，让先头部队及中央纵队在城口附近通过。中央军委命令九军团等部消灭汝城西南延寿墟的湘军王东原四个团，若能完成任务，红军可在此处休息一段时间再走，但这个任务没有完成。当时，主力红军已在前面走了，留下了十五师（少共国际师)掩护九军团撤退。十五师在抵挡敌人进攻中,有些抵不住,中央军委又命令九军团返回来,掩护十五师撤退。这样,九军团在汝城延寿墟与敌人打了一仗。

汝城延寿墟这一仗,使部队减员不少。但是,红军且战且走,还是冲破了敌人的第二道封锁线。

国民党反动派的第三道封锁线,设在粤汉铁路湘粤边良田到宜章、乐昌之间。红军主力控制了乐昌东北的九峰山制高点,占领了宜章、良田等县城,整个部队在九峰山以北通过粤汉路封锁线,向湘西前进,红军在湘桂粤边占领了临武、蓝山、江华(水口)等县。所到的地方,没收当铺、粮仓,分给贫穷的群众。在江华(水口)住宿时,南面广西军距离红军只有30里,罗炳辉命令部队将潇水河上的桥炸掉,保障红军在此休息一两天,然后再踏上征途。

国民党反动派堵截红军的第四道封锁线,设在湘桂边境的潇水与湘水两条河流地区,湘、粤、桂各省敌军以及蒋介石的嫡系部队共二十个师,分布在衡阳到全州、道县一线,有一百四十多座碉堡。企图在潇水和湘水区域截击红军,使红军不能与湘黔边的红二军团会合。

红军主力的先头部队,泅渡潇水河,抢先占领了道县,掩护中央纵队及后续部队从浮桥上渡过潇水。红军从道县攻向广西的灌阳和界首,与驻全州的敌人主力打了几日几夜的仗,控制了湘江界首一线 60 公里的河两岸,使大军渡过了湘水。为了掩护中央纵队的机关,红军占领有利地形,多次打退敌军的冲锋,敌人遗尸遍野。

在这次战役中,九军团仍和先头部队一军团在右翼,配合在左翼的三军团及八军团掩护中央纵队过江。中央军委决定九军团从灌阳关向西插过去,中央纵队则在九军团掩护下从北面的永安关向西挺进。但是由于敌人比九军团抢先占领了灌阳关,九军团受阻不能顺利渡过湘江。中央军委指示九军团:如果九军团被敌切断,不能过湘江,则自己独立行动打游击。

罗炳辉对于打游击富有经验,但在红军主力正在大转移,目的地还没有着落,国民党反动派的"追剿"部队还没有被甩开的时刻,他不愿意离开主力红军而孤立地活动,这也反映了部队广大指战员的思想。当红军主力一、三军团及中央纵队都已渡过湘江后,罗炳辉和与他并行的八军团商定,要八军团先突过湘江,他带九军团在后面牵制敌人。当敌人发觉红军已在渡江又来袭扰时，九军团以火力掩护八军团渡江，自己从容地过江退走了。敌人的第四道封锁线又被突破。

红军突破敌人的第四道封锁线的战役，是红军离开中央苏区后打得最激烈也是损失最大的一仗。除战斗伤亡外，因大雨与严寒，饥饿与疾病，非战斗减员也不少。这时红军已由江西出发时的八万六千多人，减为不足四万人。

→ 警卫遵义

★★★★★
（38 岁）

1934 年 12 月，红军从湘、桂边转移到贵州东部边境，蒋介石调集了 40 万大军，企图围歼中央红军，中央政治局在黎平会议上接受了毛泽东同志的建议，放弃原定到湘西与二、六军团会合的计划，改为向敌人力量薄弱的贵州、四川进军，建立以遵义为中心的革命根据地。

贵州是所谓"天无三日晴，地无三里平"的省份，但当时这些条件对红军有很大的好处，既然多雨多山，敌人的飞机也就无法活动，红军可以不怕空袭，在大白天密集行军。

九军团的任务是在侧后翼防备湘军侧击中央红军，掩护中央红军向遵义地区前进。

罗炳辉指挥部队，占领了黔东的锦屏县，住宿一夜，又向西占领了剑河县。又从剑河向北占领镇远县。镇远是黔东的重镇，工商业比较发达，红军在这里收购补充了一些物资，部队的情绪很高，也忘记了疲劳。

接着，九军团随同中央红军，从镇远进占乌江南岸的余庆，于1935年1月2日，渡过两岸都是悬崖峭壁、中间是奔腾激流的乌江。1月7日，一军团进占贵州北部中心城市遵义。

这时红一军团驻扎在桐梓、松坎一带，九军团驻扎在绥阳、湄潭一带。九军团的任务是会同友军，保卫党中央在遵义城内召开重要会议。

1935年1月中旬，在遵义召开的中央政治局扩大会议，批判了王明、博古的"左"倾路线，撤换了博古的总书记职务，改组了中央书记处，选举张闻天为总书记。会议决定成立由毛泽东、周恩来、王稼祥三人组成的军事指挥小组，负责全军的指挥。遵义会议具有历史意义，它在极端危险的时刻，挽救了党和红军，挽救了中国革命，结束了王明"左"倾路线的三年统治，确立了以毛泽东为代表的党中央的新领导。这是中国共产党历史上一次成败攸关的转折点和里程碑。

　　遵义会议后，毛泽东、周恩来、朱德等中央领导同志都找九军团的干部谈过话，罗炳辉表示坚决拥护遵义会议的决定，拥护毛泽东为首的军事三人小组的领导。他说，他从五次反"围剿"以来，就感到这种硬碰硬的攻坚战、阵地战的对敌战略战术是不适用于红军的；过去毛泽东、朱德指挥的运动战、游击战术，在实战中是克敌制胜的法宝。

　　罗炳辉在单独和毛泽东的谈话中，汇报了九军

△ 红军长征途中（1935年3月至5月）单独行动的红九军团部分干部到达陕北后于延安合影（后排左起第五人为军团长罗炳辉、前排起第三人为军团政治委员何长工）

团领导干部的情况。毛泽东要求军团干部加强团结，注意大节，不拘小节。不久，中央决定调红军大学教导队政委何长工到九军团接替蔡树藩任政委。

中央在遵义会议上又决定红军应继续北上与四方面军会合，再挺进到华北抗日前线，以推动全国抗日的局面。

→ 巧夺天全

★★★★★

（38岁）

九军团由西昌北进到110里的泸沽时，在越隽有敌刘元璋部四个团驻守，不能通过。敌人趁九军团退回泸沽时，以一个师配合少数民族武装合击九军团。

罗炳辉沉着地把部队埋伏在两边山头上，当敌军进入设伏的山沟时，亲率主力从山头向下冲杀，截击敌人。这一仗打死了敌军一个团长，缴获了几百支枪，俘虏了一部分敌军，将来犯敌人完全击溃。

打垮了敌军的攻击后，九军团又向冕宁、大桥前进，这一带是彝族居民区，依靠先头部队留下的工作人员和红军在途中从国民党手中解放出来的彝族"头人"，也利用罗炳辉在彝族同胞中的影响，九军团部队顺利地通过了这一带少数民族地区。

部队走了三天，才通过了彝族居住区，到达大渡河南岸的安顺场。大渡河两岸是矗立的峭崖，河狭流急，仅靠铁索牵住两岸山头，在铁索上架点木板，渡过行人。中央红军在安顺场击溃敌人后，开始渡过大渡河；但因渡河速度太慢，又夺取了安顺场以北的泸定桥作为渡口。

九军团到泸定桥后，过了大渡河，在泸定县住了三天。中央命令九军团守住泸定桥，从侧后掩护已经渡到大渡河东岸的中央红军北进。

当时，中央红军过了大渡河后，驻扎在荥经、天全、雅安间狭小的山地内，又值春雨暴下，上游冰块下泻，河水剧涨。中央红军到二郎山脚下，泥深没膝，人马难行。川军有十几个团在东边沿青衣江堵截，不易强攻；西边是泸定桥，敌军两个师正朝桥西前进；南边是大渡河和峨眉山，无路可走。红军如不脱离这个地区，很容易受到敌人的东西夹击。

中央指示九军团的任务是：在过了泸定桥后，就把泸定桥拆掉，以阻滞西边敌军迅速过河。另外，要求九军团过桥后，不要走中央红军所走的路线，另在中央红军的左侧翼的小道挺进，以迷惑敌人。

军团党委研究如何执行中央的命令，决定"有限度地破坏泸定桥"，以达到阻滞敌军前进速度为目的，但应照顾泸定桥是四川与西康、西藏交通的生命线，如彻底毁坏，将引起广大人民的不满。具体办法就是将桥底的九条铁索锯断了三条，保存六条。这样，桥的载重量每天只能走过一个营的兵力，对红军就不足为患了。

九军团有限地破坏了泸定桥后，即从中央红军北上路线的西北方山间小路挺进，不走中央红军走过的路线，目的是为了迷惑敌人，分散敌人的兵力。部队翻过了马鞍山的大岭，越下山谷。该处一部敌军没有料到红军进展如此迅速，仓皇撤走，将天全河上游的铁索桥都烧毁破坏了。夜间放火时，敌军各部又互相惊扰，鸣枪压惊，敌军退守天全城，九军团则直逼天全西南的紫石关。

罗炳辉到紫石关附近时，因重感冒已卧病不起，体温很高，呼吸短促，不思饮食。要找民夫抬担架，又因战区群众逃跑一空，找不到人，只好由战士轮流抬着担架走。罗炳辉想到战士们长征日久，体力下降，总不愿卧在担架上，便改骑马匹，两手死抓住马鞍，一颠一颠地前进。有些崎岖小道，不能骑马过去，就由战士们扶着走过去。

这时中央军委发给九军团一个十万火急的电报，命令罗炳辉率领两个主力营，不惜任何代价，星夜迂回到天全北面，歼灭守敌。一军团将从南面夹攻天全城。只有夺取天全，才能扫清中央红军北上道路的障碍，使中央红军脱离险境。

罗炳辉听参谋长郭天民念完电报，脑子里似乎清醒了。他要参谋长把电报送给军团各位领导同志传阅，并准备立即执行命令。

当时，九军团部队经长途行军，疲劳万分，天全的敌军三四倍于红军，敌人主力开始固守城南，在城北飞仙关有天然险峻的阵地和工事，敌人以为红军不会从这里来。如果歼灭或击溃飞仙关的敌人，占领飞仙关，则天全无险据守，敌必溃退。

罗炳辉和军团领导人仔细研究了天全周围的敌情地形。此时天全南面的河水猛涨，从上游漂来大块大块的浮冰，一军团部队要从南面进击天全很困难。只有设法从北边迂回到天全北面，占领飞仙关，由此向下攻击，天全就在红军掌握中了。罗炳辉想了一会儿后，说：

"找个向导来吧，问问天全西北方的河上游有水浅的地方没有，如有就指定徒涉场，绕过敌军的守桥部队，直取天全城外飞仙关。"

他要一位参谋带侦察排去摸清这条路线，并通知部队做饭，集合干部开会。

罗炳辉在连以上干部会议上说：

"现在是共产党员和革命战士对人民、对革命作出重要贡献的时候了，我们要不惜任何代价，消灭天全的敌军，扫清中央红军北上与四方面军会师道路上的障碍。现在没有别的更好的退路可走了，泸定桥难过，其他方向都是河流阻隔，只有突破天全这个方向，才有出路！这是一次关键性的战斗，只能胜利，不能失败！"

他接着说道："天全敌人还摸不清我军的实力，我们迂回到天全西北，占领飞仙关，居高临下地向天全进击，一军团部队再由南向天全进逼，敌人一定可以被歼灭或击溃。"

在部队找到向导之后，罗炳辉和参谋长郭天民亲率两个营的兵力，在夜间出发，翻过山岭，绕过敌人防守的索桥，从上游浅处搭浮桥过河，拂晓时，先头部队就与飞仙关的守敌打了起来，这股敌军(两个旅)没有料到红军"从天而降"，恐慌万状，敌人虽从城南调来主力增援，但在九军团的猛攻下仓皇溃退。此时，九军团从北面，一军团从南面，同时攻占了天全城。

天大亮时，国民党派出六架飞机，在天全周围扫射、轰炸，但都挽救不了敌军灭亡的命运。

罗炳辉指挥部队从飞仙关进占天全城后，坐在一棵树下休息，忽然双眼发黑，晕倒在地上。经过卫生员的急救，他才缓缓地醒来，还对旁边的参谋长郭天民说："好，我们完成一项重要任务了。"

其实，九军团不仅完成了这次夺取天全的战斗任务，还把路上筹措来的现款三万元以及几十匹骡子和一批物资，缴送中央，这对当时的中央机关，真是雪中送炭。

周恩来在红军占领天全后，特地来到九军团的军团部。那时罗炳辉、郭天民还在飞仙关，政委何长工和政治部主任黄火青向周恩来报告了情况。

周恩来说：

"九军团单独留在乌江北岸牵制敌人，队伍不仅没有缩小，反而扩大了一些。你们有限地破坏了泸定桥，是帮助中央下了最后决心，因为没有退路了，只有从天全方向北上。中央对你们不顾艰辛疲劳，不惜牺牲，坚决胜利地完成中央军委交付的任务，是十分满意的，是值得嘉奖的！……"

何长工立即从军团部打电话到飞仙关前线，把周恩来代表中央军委对九军团的嘉奖，告诉了罗炳辉，并传达到前线部队。

九军团的全体指战员，都为周恩来的勉励而兴奋百倍，忘记了疲劳苦累。九军团的部队，托着在云南东川缴获的 180 支日本三八式步枪，武装整齐地走过天全街上，兄弟部队的同志一见就说：

"老九真不错呀，很抖啊。"

红军夺取了天全后，即挥师北上，翻过了夹金山脉的大雪山，沿大渡河东岸北上。九军团尾随中央红军前进，翻过了海拔四千五百多米的雪山。

过了夹金山，走下宝兴县的山沟。这时中央军委交给九军团的任务是：越过邛崃山脉，占领邛峡县城，让敌人以为红军要向东进攻成都的样子，这样掩护中央红军沿大渡河上游大小金川一直北进，到川北与红四方面军会师。

罗炳辉部队在五军团的配合下，胜利地完成了占领邛崃、佯攻成都的任务，随后即掉头转向西北，沿中央红军北上路线，挺进到懋功（现称小金）、卓克基、马尔康。

1935年6月中旬，中央红军一方面军与四方面军在懋功会师。九军团奉命驻扎在马尔康西北的松岗，在那里住了三个月，发动群众建立藏族的革命民主政权。

→ 胜利会师

★ ★ ★ ★ ★

（39 岁）

　　中央红军和红四方面军在川康边的胜利
会师，是中国红军长征战史上的一件大事，经
过长期跋涉征战，留存下来的指战员能在川北
苏区与四方面军兄弟聚会，怎不令人欢欣鼓舞
呢!

　　可是，新的矛盾和困难又接踵而来。红四
方面军的领导人张国焘是个野心家，他在川北
苏区有红军八万人，中央红军这时只剩下不到
两万人，衣衫褴褛，装备较差。这使张国焘产
生了应该由他自己来统治党中央的狂妄野心。
其次，张国焘这时看到全国原来的苏区已丧
失殆尽，悲观失望，主张"卷起苏维埃旗帜"，
反对中央关于红军北上陕甘抗日前线的决定，
要把红军带到荒僻的川、康、青边界。张国焘

的错误路线，理所当然地受到党中央的否定。

两军会师不久，中央军委决定将红军编成左右两路大军：右路军由一方面军的一、三军团和四方面军的第四、第三十军组成，由毛泽东、周恩来、王稼祥率领；左路军由四方面军的九军、三十一军、三十三军和一方面军的五军团、九军团组成，由朱德、刘伯承和张国焘率领。右路军以班佑为目标，左路军以阿坝为目标，然后在川、甘边界的巴西会合。

由于张国焘的拖延和敌情的变化，红军只好从卓克基经过没有人烟、没有道路的沼泽地，向毛儿盖及阿坝北进。

1935 年 8 月下旬，右路红军已到了班佑、巴西，左路红军则到了阿坝，却按兵不动，不按原来的决定到巴西会合。

罗炳辉所率领的九军团被编入左路军后，统归张国焘控制 (朱德、刘伯承虽然是左路军的指挥，但实权在张国焘手中)。张国焘要把九军团编散，吃掉中央红军这个部队，受到了罗炳辉、何长工等的反对。

何长工向张国焘介绍九军团的情况说：

"九军团是中央军委称为'战略骑兵'的部队，

它向来是拖不垮、打不烂的整体,独立作战能力强。长征这一年中,它担任大部队的后卫,从侧翼掩护主力,经常迷惑敌人、牵制敌人,胜利地完成了任务。把它编散了,你再找不到这样灵活、坚强、忠勇的'战略骑兵'。"

这样,张国焘只好把九军团保留着,改番号为红三十二军(四方面军没有军团编制),但为了控制这支部队,他利用职权,将三十二军唯一的一部电台调走,罗炳辉及三十二军从此失去了和党中央直接联系的方式。

部队进驻阿坝以后,罗炳辉知道右路军已经挺进到班佑、巴西,却不知为什么左路军一直在阿坝按兵不动,不到巴西会师。他和政委、参谋长、主任商量后,写信问方面军司令部,答复是"仍在原地待命"。

原来张国焘已决心自立中央,密令在右路军的四方面军(陈昌浩)部队,趁中央红军分散行动时,要对毛泽东、周恩来等下毒手。幸而毛泽东、周恩来得知这个消息,急率部分中央红军离开险境,追上主力红军,继续北进。

另一方面,张国焘在左路军中把朱德软禁起来,威逼朱德反对红军北上,受到朱德的拒绝。

张国焘即以中央名义，令左路军从阿坝南返，到天全、芦山一带，又翻过海拔五六千米的雪山，向道孚、炉霍、甘孜（西康西北角）前进，这就造成了红军行动的分裂。

这时，罗炳辉的红三十二军的前后左右，都是四方面军的部队。罗炳辉和红三十二军的主要领导人，都已意识到部队发生分裂，一时又找不到朱德，只有跟着大部队一起行动再说。不久，政委何长工被调去任粮食局局长，政治部主任黄火青也被调开了。只有罗炳辉还被留在三十二军。

后来，罗炳辉率三十二军由甘孜南下到理化（理塘），阻击川军，迎接从湘西前来会师的红二、六军团的先头部队。三十二军的指战员知道红二、六军团也长征来到川康相会，十分兴奋。

1936年6月，红二、六军团经滇、黔边到达西康甘孜地区，与四方面军会师。中央决定二、六军团成立红二方面军，把罗炳辉的三十二军拨归二方面军建制。

二方面军与四方面军会师后，朱德、任弼时、贺龙、关向应等领导同志坚决维护中央的正确路线，反对张国焘的右倾分裂主义，四方面军的广大指战员也提高了觉悟，要求北上和中央红军会合。同时，张国焘在西康一带无法发展，也非转移不可。因此，张国焘被迫率四方面军，和二方面军一起，向陕甘边境进军。

10月中旬，一、二、四这三个方面军在甘肃的会宁胜利会师，结束了两万五千里的长征。

红军经过千山万水，历尽艰难困苦，终于到达陕北，建立了陕甘宁边区，成为全国抗日战争的指挥中心和后方基地。

罗炳辉到达陕北后，见到了毛泽东、刘少奇、周恩来、朱德等领导同志。他和何长工分别向毛泽东汇报了九军团（三十二军）的情况，对于在左路军中不能阻止张国焘的错误路线作了自我批评。毛泽东在听了他们的汇报后说：

"你们是立了战功的！南下的事是张国焘干的，和广大的四方面军干部无关，更和九军团干部无关。朱总司令不也是为了避免引起红军一场内战，跟着南下吗？那时你们要不跟张国焘南下，只有两条路：一是逃跑，一是自杀。现在人家说你们就让人家说吧，中央是了解你们的。"

到达延安之后，罗炳辉先在红军大学（后改为抗日军政大学）学习，后来又进中央党校学习。这使他有机会总结了十年国内战争的经验，提高了马

△ 罗炳辉夫妇

列主义、毛泽东思想的政治军事水平。

　　1937年9月，罗炳辉和张明秀结了婚，张明秀是延安妇女学校的政治指导员，是长征过来的妇女干部，他们的婚姻很美满。

在抗日战争的烽火中

(1937-1946)

→ 奔赴华中

★★★★★

（40—41 岁）

　　抗日战争全面爆发后，中央军委为实现党的团结抗日的主张，根据国共两党达成的协议，将在陕甘宁边区的红军主力改编为国民革命军第八路军（后改称第十八集团军），朱德为总司令，彭德怀为副总司令，下辖三个师：由原红一方面军编为第一一五师，原红二方面军编为第一二〇师，原红四方面军编为第一二九师，迅速展开于华北敌后抗日前线；将南方八省的红军和游击队，统一整编为国民革命军新编第四军，叶挺为军长，项英为副军长，下辖第一、第二、第三、第四支队，先后展开于华中敌后抗日前线。当时正在中央党校学习的罗炳辉，得知战友们相继奔赴抗日前线，他的心也飞到了前线。

1937 年 12 月，军委命令罗炳辉到华中工作。

临行前，罗炳辉去看望老部队，同大家告别。他原来率领的红三十二军整编为第一二〇师三五九旅七一八团后，奉命留在延安，执行保卫陕甘宁边区的任务。

罗炳辉语重心长地对七一八团的指战员们说：

"党中央、毛主席把保卫延安的任务交给你们，这是对你们的信任。大家一定要保持和发扬红军的光荣传统，不要辜负党中央、毛主席的殷切期望啊。"

1938 年 1 月，罗炳辉到达武汉八路军办事处。办事处设在旧日租界的大石洋行内，刚刚展开工作。在中共中央长江局负责人周恩来、董必武、叶剑英、博古（秦邦宪）等领导下，罗炳辉以八路军副参谋长的名义，先后与张爱萍、孔石泉、张经武、边章伍、聂鹤亭等一起，进行统一战线和招收知识青年等工作。

抗战初期，南方进步青年抗日热情高涨，追求革命真理，许多学生经武汉转赴延安学习或直接参加八路军、新四军。罗炳辉碰到这些情况，往往亲自接谈，宣传党的政策，介绍情况，告知行走的路线，或出具证明，使一些青年学生走上了革命的道路。

2 月的一天，武汉八路军办事处的传达室里来了一位小青年，问有没有一位叫罗炳辉的人，当告知有这个人时，青年十分高兴，要求见罗炳辉。

这时，住在三楼的罗炳辉，听说有人找他，立即走到传达室接待，先招呼小青年坐下，然后才询问其姓名和来意。

小青年先作了自我介绍，说他叫左仲平，17岁，初中学生，云南省祥云县人，看到报纸上的广告，说八路军在延安招收学生，所以到这里打听怎样去。稍停，左仲平不大好意思地补充了一句：我是左又新的儿子。

　　罗炳辉一见小青年是云南同乡，又是他的好友左又新的儿子，非常高兴。原来，左又新是滇军炮兵的军需官，和罗炳辉同在一个单位工作多年，交情甚密。于是，罗炳辉和左仲平进一步叙谈起来。

▽ 1939年罗炳辉与新四军军长叶挺等在东池新四军江北指挥部（左起叶挺、赖传珠、罗炳辉、张云逸）

罗炳辉在询问了左又新的情况以后，接着问左仲平："当八路军很艰苦，你吃得消吗？"

左仲平毫不犹豫地作了回答："怎么吃不消？别人吃得消，我也就能吃得消！"

罗炳辉看到左仲平的态度很坚决，便要他第二天把行李搬来。

第二天，左仲平来了以后，罗炳辉把了解到的情况告诉他："武汉到西安的火车已经不通了，延安去不成了，是否到新四军办的训练队里学习？新四军和八路军一样，都是共产党领导的人民军队，学习内容都差不多。"

左仲平听父亲讲过罗炳辉的为人，对他很信任，因而迅速表示："可以，到新四军办的训练队去学习也一样。"

隔了一天，左仲平持罗炳辉亲笔写给新四军第四支队教导大队大队长聂鹤亭的介绍信，到湖北黄安（今称红安）学习了两个月，从而成为新四军的一员，后来逐步锻炼成长为人民解放军一个军的副政治委员。

同年3月，罗炳辉奉周恩来的指示，从武汉到河南信阳，看望由豫南红军游击队改编的新四军四支队八团，向他们传达了党的指示，欢送他们开赴抗日前线。当时罗炳辉身穿朴素的灰色旧军衣，腰上扎着宽皮带，还打着绑腿，穿着草鞋，是标准的红军军人形象，八团指战员深为敬佩。

罗炳辉在武汉八路军办事处工作期间，忙得最多的还是从事统战工作。由于他在滇军里工作的时间久，熟悉的老关系多，就运用这个有利条件来进行统战工作。他向滇军的老朋友宣传国共合作，共同抗日的道理，争取了一些军官对八路军、新四军抗日的同情，掩护党的地下工作者从事工作，以至于获取情报和弹药、医药器械等物资。在武汉，罗炳辉认识民族资本家李岳嵩先生。那时，李岳嵩在武汉、重庆等地经商。罗炳辉协助周恩来做李岳嵩的工作，使李岳嵩的抗日觉悟提高，民族观念增强，自觉地帮助八路军、新四军抗日，提供了许多物质帮助，还接济和保护过党的地下工作者，成为一位对革命有贡献的开明人士。罗炳辉到新四军以后，还时常收到李岳嵩想方设法运来的云南白药，为抢救伤病员起了很好的作用。

同年4月，张国焘叛变革命，投入国民党特务集团，随即被党中央开除党籍。当周恩来询问罗炳辉对这件事的看法时，罗炳辉当即明确表示：张国焘叛变革命，是他自绝于党，自绝于人民，绝不会有好下场。党开除他的党籍，只会使党更纯洁、更伟大，不会损害我们党的光辉。对党中央开除张国焘党籍的决定，我表示完全拥护。

同年10月，武汉沦陷，八路军办事处从武汉撤至重庆，改称重庆八路军办事处。罗炳辉要求去前线，被批准到新四军工作。

11月，罗炳辉到达皖南新四军军部，被任命为新四军第一支队副司令员，陈毅为司令员。

当时，蒋介石率领的军队节节溃退，日军气焰正盛。罗炳辉和陈毅一起，指挥部队在苏南建立根据地，打击日伪军，威胁着敌人的指挥部——南京，鼓舞了敌占区人民的抗日信心。

→ 三打来安

★★★★★

（42岁）

1939年5月，为了发展江北抗战的大好形势，遵照中央关于新四军向东作战、向北发展的方针，新四军在安徽庐江的东汤池，组建了新四军江北指挥部，并命令罗炳辉组建新四军第五支队。同年7月1日，五支队在定远东南的藕塘正式成立，罗炳辉任司令员，郭述申任政治委员，周骏鸣任副司令员，赵启民任参谋长，方毅任政治部主任下辖第八、第十、第十五三个团。从那时起，罗炳辉在长江以北、淮河以南、津浦路东和路西地区，同日、伪、顽进行了紧张激烈的斗争，参加了创建、发展、巩固淮南抗日民主根据地，直到抗日战争胜利为止。

来安县城位于津浦铁路南段的东侧，是苏皖边境军事上敌我争夺的一个要点。日军几次想占领它，以作为津浦铁路南段交通安全的东部屏障。

1939 年 9 月 2 日，当五支队在来安、盱眙两县交界地区活动时，了解到驻滁县和张八岭的日伪军各部准备分两路进犯来城。为了打击日伪军的嚣张气焰，鼓舞路东军民抗战士气，扩大新四军的政治影响，罗炳辉等决定狠狠地教训一下来犯的敌人。

部队冒着蒙蒙细雨，在来安城西南、西北的大路两侧展开，占领有利地形，准备以伏击战法打击敌人。罗炳辉亲自带领十团和支队警卫营，进至舜山集附近的梁庄。这里是张八岭到来安的必经之路，这里的公路凹凸不平，是伏击的理想阵地。

此时，来安城仍是由国民党的势力控制着，县政府和常备大队龟缩在城里，鉴于当时和国民党有统一战线的关系，罗炳辉便派参谋去来安城通报消息，哪知来安县长和常备大队已经弃城逃跑，罗炳辉非常气愤地说："他们哪有一点儿抗日的样子，真是中华民族的败类！"

第二天下午，从张八岭出动的日军一个大队，伪军两个大队，共约七八百人，打着太阳旗，趾高气扬地向来安进发。当进至伏击地区后，十团在路北，警卫营在路南，突然猛烈开火，打得日伪军措手不及，死伤了一片。战斗持续到黄昏，敌人夺路窜进了来安县城。

当天夜里，罗炳辉趁敌人人生地不熟，派十团侦察排夜袭来安城。三十多个侦察员，身穿便衣，携带短枪，半夜摸进城里，在日伪军驻地中间，分别袭扰了一阵，然后安全撤出。日伪军白天的惊恐未息，晚上又遭到袭击，吓昏了头，惊破了胆，不敢轻易出来，只是向袭扰的方向开枪、放炮，以致日伪军互相打起来，急骤的枪声、小炮响了一夜。

日伪军由于白天和夜间连遭痛击，增援部队又迟迟未到，军心惶惶。罗炳辉判断这股敌人可能要逃跑，于是立即作了新的部署。果然不出所料，这股敌人在来安只蹲了一个晚上，就在次日中午放了几把大火，弃城向滁县逃窜。当日伪军逃到八仙山时，正在那里准备打击滁县援敌的八团，立即对逃敌迎头痛击。十团的部队又尾追而来，前后夹击，日伪军伤亡惨重，逃回滁县，好久都喘不过气来。

第一次攻打来安，从开

△ 罗炳辉在新四军二师时期

始到结束，不到24小时，干脆利落，大灭了日本侵略者的气焰，也使"新四军游而不击"的谣言不攻自破。

当罗炳辉判断敌人可能要逃离来安时，就派支队部组织科长朱云谦，去找国民党的来安县长回来，罗炳辉对朱云谦说：

"给你一个特殊任务，带上一个连，去把来安县长张北非找回来。根据情况判断，进犯之敌可能要逃跑，来安城今天可能拿下来，这个县长现在还由他来干。"

罗炳辉看到朱云谦对这个任务的兴致不是很浓，又继续说：

"这任务没有打冲锋痛快，是吧？搞统一战线嘛，要敢打，还得会拉，来安是新区，我们建立政权的条件现在还不成熟。张北非这个人民愤不大，拉过他一个，能影响一大片。找回来，先干着。搞团结，欢迎。摩擦，不怕。反正是他们网里的鱼。"

朱云谦听了司令员这番话，笑了起来。立即带上一个连队，顺着张北非及其常备大队逃跑的方向，一直赶到城北30里处的屯仓，在一户地主家里找到了这位国民党的县太爷。朱云谦对张北非说："张县长，我们奉罗炳辉司令员的命令，前来接你回县城。"新四军的一片诚意，使惊魂不定的张北非安定下来，急忙集合手下的队伍，可他那个常备大队不打自溃，身边的人、枪已寥寥无几。

这天下午，当朱云谦带着张北非及其残部返回时，来安县城已为新四军五支队占领了，并且扑灭了大火。

张北非见到罗炳辉，露出一副感恩戴德的样子，连称："久闻罗公大名，今日一见，三生有幸。贵军驱走日伪，救了县城黎民，张某感激不尽！日后请罗公多多吩咐，愿为抗战效卑微之力……"罗炳辉向他讲述了抗战形势，讲述了中国共产党的抗日民族统一战线政策，又为了在士绅和群众中给他一点面子，还让他主持了当晚在来安城内召开的群众大会。

罗炳辉对张北非的扶植，在来安的中、上层人士中产生了很大影响。张北非在这以后继任县长期间，也为新四军说了一些公道话，办了一些有益于抗战的事，还为驻来安附近的部队筹集了一些粮食和款子。

第二次攻打来安，是 1939 年 11 月，当时罗炳辉率五支队主力不在来安附近。日军一个小队和伪军四百多人，偷偷地摸进了来安城。敌人为了准备对来攻城的新四军实行突然袭击，消耗新四军的有生力量，将主力撤至离城十多里的八仙山设伏。

罗炳辉根据侦察到的情报，对敌我双方的情况作了分析和比较，提出趁敌主力外出，袭击来安城的作战方案。他指出：

"敌人虽然占据着地主豪绅的深宅大院，但他们对周围情况不熟，而我军则可依靠人民群众和本地战士熟悉情况，深夜拆开城墙，从暗道进入敌心脏，给它来个中心开花。"

他提出的方案，立即得到支队其他领导同志的赞同。

按照罗炳辉的部署，五支队经过猛烈攻击，一举攻占了来安城。埋伏在八仙山的日伪军慌了手脚，企图回援，在遭到打援部队的痛击后，仓皇向滁县逃窜，丢下的尸体就有二十多具。

第三次打来安，是1940年5月27日，对津浦路东"扫荡"的日伪军一千余人，再次侵占了来安，并带来汽车三十余辆及其他运输工具，准备抢夺粮食。

当时正率领部队开辟高邮湖西根据地的罗炳辉，闻讯敌人再次占领来安，立即召集干部开会研究对付办法。罗炳辉说：

"麦子就要熟了，粮食是宝中宝，没有粮食，群众就无法生活，我们要打击抢粮的敌人，保护群众麦收。"

干部们不约而同地说："那我们得先下手。"

罗炳辉继续说："正是要这样。根据各方面的情报，这伙敌人蛮凶的，仅日军就有六百多，好几门炮，十几挺重机枪，但它是拼凑起来的。我们要趁敌人立足未稳，打他个措手不及，保卫夏收。"

接着罗炳辉交代了任务，由八团一、二营和十团一营攻城，八团三营和特务连负责阻击滁县增援之敌。规定攻城各营以第一连为攻击队，第二连为增援队，第三连为掩护队。

5月28日夜，攻城各营轻装疾进，抵达来安城郊。战斗于29日1时打响，八团一营首先从城西北角突入城内。接着，八团二营和十团一营也相继攻入城内，轻、重机枪齐放，手榴弹、炸药包在敌人的阵地上开了花。日伪军遭到突然袭击，晕头转向，仓皇应战，退居到几个四合院里顽抗。

当时五支队没有火炮，对这些四合院既高又厚的墙没有办法。八团一营的战士们急中生智，将炸药包里放进硫磺，或将炸药包外面用破布、稻草捆扎，或浇上煤油，投入敌阵后既爆炸又燃烧。这个火攻的经验，迅速传播到八团二营和十团一营。转眼工夫，敌人占据的院落火光四起，烈焰腾空，瓦片乱飞。敌人在火焰里跟跄奔命，鬼哭狼嚎，有些冲出火场的也被打死。就这样，数百名日伪军连同他们的"扫荡"计划，随着一场大火而灰飞烟灭。当时跟随部队指挥作战的罗炳辉风趣地说："日本侵略军喜欢火葬，这次是真的'火葬'了！"

拂晓，当攻城部队撤出战斗后，残余的日伪军没有捞到一粒粮食，狼狈逃往滁县。

八团一营首先使用火攻的战法，罗炳辉曾给予很高评价。他对营长吴华夺说："一个指挥员不但要坚决地执行命令，还要根据随时变化的战斗情况，机动灵活地决定变化后的战略战术。"

第三次攻打来安，由于以火攻而闻名，因而又称火烧来安城。

罗炳辉亲自指挥的三打来安城，使日伪军心惊胆寒，新四军的声威大震，也使罗炳辉的名声广为传扬。从那以后，敌人慑于新四军的声威，再不敢轻易来犯了，路东根据地日益巩固和扩大。至今，在淮南地区的人民群众中，还到处流传着"罗司令三打来安城"的故事。

→ 开辟淮宝

★★★★★

（43—46岁）

淮宝地区，即运河以西、三河以北、洪泽湖以东，高邮湖、宝应湖西北之淮阴、淮安、宝应三县之间地域，战略地位重要，是顽固派韩德勤的战略基地，也是淮南、淮北、苏中、苏北等抗日根据地的结合部。这里还被称为"苏北粮仓，鱼米之乡"，因而更是敌我必争之地。

早在1938年5月，毛主席在《抗日游击战争的战略问题》一文中就指出：

"江北的洪泽湖地带……应该好好地组织

游击战争，并在河湖港汊之中及其近旁建立起持久的根据地，作为发展全国游击战争的一个方面。"

1940年5月4日，毛主席在致新四军的电报中，要求新四军积极向敌后发展，并指出：

"所谓发展，就是不受国民党的限制，超越国民党所能允许的范围，不要别人委任，不靠上级发饷，独立自主地放手扩大军队，坚决地建立根据地，在这种根据地上独立自主地发动群众，建立共产党领导的抗日统一战线的政权，向一切敌人占领区域发展。"

这时，由津浦路西来到路东随五支队行动的中原局书记刘少奇提出要把苏北作为战略突击方向，集中各方面力量向苏北发展。他建议八路军第五纵队黄克诚部迅速南下，陈毅率苏南新四军主力渡长江北上。同时，命令罗炳辉率部向三河以北进军，开辟淮宝，迎接黄克诚部南下，策应陈毅北渡长江和在苏中的行动，以彻底粉碎顽固派韩德勤、李品仙东西两面夹击新四军四、五支队的阴谋。

五支队在罗炳辉、郭述申的领导下，经过一年来反"扫荡"、反摩擦的锻炼，以及参加津浦路东抗日根据地创建的实践，战斗力提高很快，兵员迅速扩充。为了推动部队建设，五支队于7月上旬召开党代表大会，总结支队成立一年来的工作，讨论加强主力建设和培养地方武装的建军任务。会议期间，具体部署了北出三河、开辟淮宝的作战计划。会后，准备参加开辟淮宝地区的八团、十团及四支队七团，进到三河南岸的黎城镇（今金湖县城）一带，进行战前练兵及渡河的准备工作，并于7月底准备完毕。

为了加强淮宝战役的指挥和协同，江北指挥部决定，由罗炳辉、周骏鸣、张劲夫等组成新四军淮宝战役指挥部。

8月1日，在黎城举行隆重的阅兵典礼，当晚举行纪念大会，附近很多群众赶来观看，以便制造主力部队正在练兵而不会立即打仗的假象，迷惑顽军。第二天半夜，五支队便强渡三河，发起了淮宝战役。

淮宝地区地形复杂，河湖港汉、沟渠圩埂纵横交错，易守难攻，不利于大兵团的调动和作战。盘踞在这里的韩德勤部第三十三师、盱眙常备旅及两个保安团，并收买了当地的封建刀会，沿三河北岸布防。三河为淮河入江水道，河道宽阔，水流湍急，水深没顶，难以涉水过河，而船只又多为顽军搜掠至北岸。顽军凭险固守，自以为万无一失。

8月2日晚，月色朦胧，三河北岸小刀会吹起牛角号，不时向南岸打枪。司令员罗炳辉和政治部主任张劲夫率十团来到南岸曾家渡。将隐蔽在芦苇中的船只推出来，船头上用沙包、湿棉被和湿稻草靶作掩体。半夜时分，第一梯队乘三只钢板划子和三只大舵船，齐头向北岸并进。当顽军发现时，船已靠近岸边，他们见来势很大，火力很猛，不知虚实，慌忙放了一阵子枪，就向新集方向溃退。这些刀会平时虚张声势，但实际上没有战斗力，听到枪响，逃得无影无踪。到3日拂晓时，十团便占领了曾家渡对面的北岸沿线及新集。八团于8月2日夜夺取衡阳滩，为对岸守敌火力所阻，一时不易渡河。直到次日拂晓才将顽军驱逐，登岸后与十团会合，在罗炳辉的统一指挥下，共同进行作战行动。

▽ 1939年夏，新四军第五支队领导人郭述申、张劲夫、罗炳辉、周骏鸣在江苏盱眙地区。

四支队七团在金沟、银集一带完成了牵制敌伪及向高邮湖方向的警戒任务后，按照罗炳辉的命令，也渡过了三河。

　　与此同时，南下的八路军第五纵队一支队六八七团也已进至淮宝地区，全歼了驻守洪泽湖东南端蒋坝的顽军秦庆霖部。

　　当时在淮宝地区的顽军人数虽多，但闻风丧胆，不战而逃。顽军三十三师主力被歼两个团，余部逃往运河以东。罗炳辉率部没费多大力气，就接连击败顽军，攻占双沟、岔河、仁和集等地，但与韩德勤所收买利用的封建刀会作斗争，却颇费周折。

　　刀会又称小刀会、大刀会或红枪会，是封建会道门组织。淮宝地区的刀会最早产生于1935年前后，因洪泽湖地跨两省，高宝湖、白马湖芦苇丛生，港汊纵横，湖霸盘剥勒索，土匪出没无常，加之官府逼税，群众不堪其害。有人便利用封建迷信，组织刀会进行自卫，并曾到湖里剿过土匪，但刀会很快就被地主和豪绅操纵。韩德勤占据淮宝地区后，与一些地方实力派勾结，使刀会发展迅速。不少群众受蒙蔽，参加刀会后一天三拜，跪会堂，念咒语，吃神砂、朱砂等特制的麻醉药物，然后像发疯一样地舞刀弄枪，练武术，练气功。其间，韩德勤对刀会曾一度采取镇压政策，和刀会曾发生过冲突，并互有死伤。后来韩德勤改变策略，由镇压变为收买利用，诬蔑共产党是"共产共妻"、新四军是"杀人放火"，煽动群众仇恨共产党、新四军，使刀会变成了封建反动的武装组织。

　　当罗炳辉率五支队强渡三河时，刀会的哨兵便吹起牛角号示警。一时，牛角号声此起彼伏，很快传遍了淮宝各地。当十团于8

月 3 日进驻新集一带时，刀会就利用熟悉地形，以青纱帐作掩护，进行突然袭击。砍死送信的通信员和下河洗菜的炊事员多人。罗炳辉一面指示部队提高警惕，一面以极大的耐心做争取瓦解刀会的工作。这天上午，刀会派小头目来到新集，声称要同新四军谈判。罗炳辉司令员和张劲夫主任亲自接见，并请吃午饭，向那小头目做宣传教育工作，指出：我们新四军是共产党领导的队伍，是抗日的。我们都是中国人，要团结起来，枪口对外打日本。那个小头目吃饭时还满口答应不打新四军，但当他离开新集后，却马上变了卦。原来刀会已经纠集了几千会徒，在大头目孙逊的操纵指使下，于当天下午攻打新四军。几千人黑压压的一片，在几排亡命之徒的带领下，满脸杀气，挥舞大刀，赤膊上阵。胸前斜挂着黄色符带，嘴里喊着"刀枪不入"、"老祖保佑"，向新集五支队阵地冲来。

面对这种突然出现的情况，罗炳辉立即指示部队做好两手准备：一面命令部队进入阵地，架起机关枪；一面喊话宣传发动政治攻势。对这些受蒙蔽的群众，罗炳辉总是不忍心下令开枪。战士们也是第一次看见刀会，认为是乌合之众，麻痹轻敌，有的还一直把枪扛在肩上。而刀会由于受蒙蔽，总认为"打不死"，"子弹打不中"，加之服了麻醉药物，又用棉花堵塞耳朵，所以如同鬼迷心窍一般，疯狂地向前沿阵地冲来，砍杀警戒线上的战士。在忍无可忍的情况下，罗炳辉下令重机枪对准刀会头子及赤膊上阵的亡命之徒开火射击。当刀会乱哄哄地向后回跑时，罗炳辉立即命令停止射击，不许部队出击，不许射杀已溃逃的刀会群众。

第一次对刀会战斗后，罗炳辉同周骏鸣、张劲夫研究，认为对付刀会，最重要的是打击反动的刀会头子，争取广大群众，并以淮宝战役指挥部的名义作出了三条规定：

第一，对刀会不主动出击，不打第一枪。

第二，对被打死的刀会人员，准许家属认领尸体，负伤者给以治疗。

第三，对被俘获的刀会人员，不打不骂，给以教育，屡抓屡放，以瓦解刀会，争取群众。

接着，罗炳辉召集各团干部开会，分析了第一次打刀会战斗的情况，认为刀会在第二天或第三天可能要来报复，要各单位作好战斗准备。他强调说：

"参加刀会的都是老百姓，不要用枪打，把手榴弹几个捆成一起，等他们来了，拉响手榴弹，把他们吓跑就行了。"

果然不出所料，8月6日刀会第二次进攻新集。五支队早有准备，为堵截刀会的进攻，除了有粪坑的地方外，还拿来树桩挡住小路口。因为刀会讲迷信，他们见到这些东西说是晦气，都不走了，只拣大路走。于是，就把手榴弹埋在大路上。这次刀会来的人数比上一次更多，沿着大路，气势汹汹地冲过来。罗炳辉站在壕沟里沉着指挥。待刀会靠近埋手榴弹的地方时，一拉导火索，手榴弹响声震天，就把他们吓跑了。对少数逼近工事的反动头目及亡命之徒，不得已才开枪射击，擒贼擒王，杀一儆百。当刀会群众见"刀枪不入"的头目被打死后，就自然逃散了。

经过连续打击，刀会的反动气焰被压了下去，也认识到了新四军的厉害。他们说："罗司令有神符，有法宝，能破刀会。"

在这之前几天，南下的八路军第五纵队一支队一团(胡炳云、田维扬大队)为协同开辟淮宝，日夜兼程，由泗阳众兴镇南进到顺和集，一营在马坝附近的大堤上露营。夜晚，刀会头子孙永礼和季恒勤带着刀会摸掉岗哨，趁部队熟睡，用大刀砍杀八路军干部战士数十人。双方展开了肉搏，互有伤亡。为了团结抗日，八路军南下部队答应刀会提出的派人谈判的要求。第二天，组织干事、老红军任亨作为谈判代表，带着通信员、战士各一人，来到高良涧镇(今洪泽县城)谈判。但刀会头子不讲信用，立即将八路军派去谈判的人员捆绑起来，拉到洪泽湖边菱角塘之南，将三位八路军人员杀害了。中原局得知上述情况后，立即电令进到盱眙地区的八路军第五纵队第六八七团星夜驰援，直取高良涧。

罗炳辉在新集听闻八路军南下部队先遣队受挫的消息，义愤填膺，立即命令八团主力开赴高良涧。8月14日，刀会千余人在顽军三十三师一个连的配合下，边走边拜，口念符咒，向刚进到南甸的八团部队围攻。此时，对付刀会已有初步经验的八团，迅速设置障碍，构筑工事，架起机枪，以对付敌人骑兵的办法，站一排、跪一排、趴一排，同时射击，火力密集。在前面的亡命之徒纷纷倒毙，后面的狼狈而逃。这次战斗，八团毫无损失，而刀会却死伤甚众，还俘获了刀会会长儿子等三人。经过南甸这一仗，连高良涧的小刀会也吓得跑掉了。

在这前后，八路军第五纵队司令员兼政治委员黄克诚带着警卫部队到达新集，与新四军五支队司令员罗炳辉会面。长征时，黄克诚为红三军团第四师政治委员，罗炳辉在红九军团，两人经常在一起配合作战，可以说是老战友、老相识了。在抗日前线战友重逢，感到格外亲热，他们共同交流了对苏北斗争形势的认识，研究了对付顽军及刀会的策略。

罗炳辉认为对付刀会，在从军事上挫败其气焰的同时，应着重用政策瓦解。因刀会受蒙蔽的群众居多数，那一带差不多家家户户都有人参加。因此，他和张劲夫十分重视宣传教育工作。在战斗的间隙，召开群众会议，亲自出面讲话，宣传共产党、新四军抗日救国的政策，揭露国民党顽固派造谣挑拨的阴谋，讲述团结一致、枪口对外的道理。同时教育部队认真执行"三大纪律、八项注意"。罗炳辉更是身体力行，在仁和集和万集街上，群众常常看到一个大胖子抱着老百姓的孩子玩儿，或者叫小孩子骑大骡子，吃饭时拿馒头给孩子吃，后来群众才知道这就是罗司令。所有这些，使群众逐步改变了对共产党和新四军、八路军的看法，那些"共产共妻"、"杀人放火"的谣言也不攻自破。

对于刀会头子，罗炳辉采取了分化瓦解和区别对待的政策。刀会头子虽受国民党的反动派宣传和封建迷信毒害深，但也不是铁板一块。在进入淮宝地区之初，他就给刀会会长和总会长写信，晓以大义，宣传共产党抗日政策和统一战线的主张，表扬他们以前打鬼子、防土匪、保家乡的爱国行动，批评他们跟着国民党顽固派跑及与共产党、新四军为敌的错误，指出他们的光明出路。对于愿意谈判言归于好的，一概表示欢迎。

8月23日，刀会几千人在韩德勤部队的配合下，向驻守在黄集的五支队机关及十团进攻。这是开辟淮宝根据地过程中同刀会八次交战中最大的带有决定性的一仗。在进攻时，刀会在前，韩德勤的部队在后面督战，结果刀会前进不了，后退也不行，伤亡比较大。在罗炳辉的指挥下，十团打得干脆利落。刀会头子严小六子和罗通义彻底投降了。罗炳辉在请他们吃饭的过程中，向他们做工作，给他们指出路。结束后还赠送了他们一支驳壳枪、一匹马，而且派人把他们送到六合境内。这对瓦解淮宝地区的刀会组织，起到了很好的作用。

8月底，配合开辟淮宝地区的八路军第五纵队第六八七团从朱坝集来到岔河，同新四军第五支队胜利会师。在联欢会上，罗炳辉对第五纵队从华北南下苏北，表示热烈欢迎。对第五纵队特别是六八七团在开辟淮宝过程中所作出的贡献给予了充分的肯定。同时表示，要学习八路军的好思想、好作风，把新四军五支队建设好，把根据地建设好。

淮宝战役的胜利，使苏北、淮北、苏中、淮南几块抗日根据地基本上连成一片，因而成为发展华中的重要一役。

随着淮宝地区的开辟，淮宝人民政权迅速建立起来，后来成为第四师的后方基地及经费、粮食的重要来源，为抗日战争作出了贡献。

同年10月，刘少奇从皖东赴盐阜地区，路过高良涧时，五支队领导和淮宝县委负责人向他汇报工作，他高度赞扬了五支队在开辟淮宝过程中分化瓦解刀会的成功经验。

由于罗炳辉在创建皖东抗日民主根据地过程中屡建战功，中央军委于1940年任命他为新四军江北指挥部副指挥，仍兼第五支队司令员。

1941 年，在新四军第二师编印的《建军月刊》第三期上，发表了罗炳辉根据开辟淮宝根据地的实践经验写出的《淮宝战役的战术诸问题》的文件，指出："研究军事问题，如何运用战略战术问题，成了刻不容缓的事。尤其是提高军事技术一项，今后不应空喊，应立即实事求是地促其实现。"

→ 反攻胜利

★★★★★

（47—48 岁）

　　罗炳辉参与领导创建的淮南抗日根据地，经过 1941 年 1 月皖南事变后的巩固时期，到 1944 年转入了扩大再发展时期。在这期间，他领导军民多次粉碎了日伪军较大规模的"扫荡"，多次挫败了顽固派军队的进攻，多次指挥部队配合苏北、淮北、苏中、皖江地区兄弟部队的作战行动。同时，领导部队精兵简政、整军训练、扩大地方武装、大力发展民兵、发展生产，配合地方巩固民主政权，度过了淮南的艰苦岁月。

1944 年，罗炳辉指挥淮南部队在打破日伪军和顽固派夹击的过程中，不断地取得新的胜利，并且开始发动攻势作战，袭击敌伪据点和交通线。这一年的重要战斗是金沟战斗。秋天，日军为摆脱从战略攻势转为战略防御的困境，企图抢夺粮食，派一个中队侵占了高邮湖西边的重镇金沟。

罗炳辉根据平时的实际情况，认为要消灭日军一个中队不容易，而且代价很大，于是确定先用纠缠战来对付敌人。根据罗炳辉的指示，独立团派出几个小分队，和当地民兵紧密配合，昼夜轮流袭扰。小分队神出鬼没，打打停停，停停打打，引日军出来追击时，他们早已没有踪影。晚上，他们又去摸哨，搞得敌人日夜恐慌，坐卧不安。罗炳辉根据敌人可能要撤退的情况，将部队布置在金沟南北河口，封锁敌人逃路。结果取得了预期的胜利。除击毙、溺死许多敌人外，还活捉了包括敌翻译在内的俘虏多人。

1944 年 11 月在路西反顽战斗中，桂军第一七一师主力及土顽一部趁日伪军"扫荡"之机，向津浦路西根据地进攻。五旅旅长成钧、政委赵启民率领全旅，在谭震林政委的统一指挥下，在路西分区第十八团的配合下，在占鸡岗（今定远县城南之站岗）进行了自卫反击作战，歼灭桂顽主力四个营共一千九百余人，顽军第一七一师五一二团团长蒙培琼及其所指挥的四个营长一起当了俘虏，后来缴获顽军一个军官写的日记中，有段小诗记述了在占鸡岗惨败的情景：

占鸡岗上真伤悲，

战马奔腾血乱飞。

问君能否记忆起，

北上"剿共"几人回？

那时罗炳辉因病休养，未能参加这次作战，当他得知这次战斗胜利的情况时，非常高兴，称赞五旅的战斗力有了提高。后来，陈毅军长也赞扬五旅一次消灭桂顽四个营的占鸡岗战斗打得好，他说：

"自从红军以来，打广西军一仗消灭这么多，这还是第一次。"

1944 年冬，淮南抗日根据地掀起了大参军的热潮，二师增加了 1.4 万人。为了适应斗争形势的发展，重建了第六旅，恢复了精简整编中撤销的四旅第十二团等番号，使淮南部队进一步壮大。

在这前后，遵照党中央关于"扩大解放区，缩小沦陷区"的方针和华中局《关于开展城市与交通要道工作的指示》精神，淮南区党委和淮南军区大力加强了交通线和伪军工作，成立了津浦铁路南段工委和便衣队，任命程明为工委书记兼便衣队政委，使津浦路东和路西保持了一条可靠的联络线，领导干部和部队过往接送比较安全。罗炳辉一次在由津浦路东到路西前，还在自来桥的一个地下工作站里，看了这个地下工作站所控制的伪军两个中队，并由他们迎接、护送他过路。

1945 年 2 月，罗炳辉指挥淮南军民向日伪发动新的攻势。其中，路东军分区的盱（眙）嘉（山）支队，利用敌人忙于过春节防备不严的弱点，以三个连夜袭盱眙县城，打掉了伪县政府、警察局，歼灭了伪军两个中队；以一个连包围了日军在山顶上的据点。一个中队的日军在据点里不敢出来，只是蹲在里边鸣枪放炮壮胆。攻克敌人占据的县城，这在淮南还是第一次。战后，罗炳辉听了这个支队的司令员兼政委朱云谦关于战斗情况的汇报，帮助他们总结这次战斗的经验时说：

"论兵力，敌我相当；论地形和武器装备，敌强我弱。但你们战机选得巧，出其不意，攻其不备，就占了优势，是吗？古代和近代战史上都有不少以少胜多、以弱胜强的战例，其中'胜'字都与这个'巧'字有关。要打得巧，就得动脑子，战前动脑子不用说了，战中和战后也得动脑子，要好好总结，打一仗进一步。"

同年 3、4 月份，日军华中派遣军第十三军团山本旅团等部两千余人，纠集伪军，对淮南津浦路东地区进行"扫荡"，妄图实现其华中派遣军总司令冈村宁次的计划，打通淮河运输线，当时二师主力在津浦路西反顽作战，正在患病休息的罗炳辉，抱病指挥路东地方武装，投入了紧张的反"扫荡"作战。面对敌众我寡的形势，他始终保持乐观的态度，他对周围的同志说：

"路东是我们的天下，天时、地利、人和，三样都占着，敌人占不了便宜去！地方武装和民兵，不能打大仗，就打小仗，纠缠住敌人，一点一点把他吃掉。"

在罗炳辉的指挥下，地方武装和民兵用一切办法袭击敌人，纠缠敌人。敌人出来时，就隐蔽；敌人住下时，就摸哨，打手榴弹；对敌人经过的路上，就埋地雷；对敌人通过的水上航道，就放水雷；敌人大队来攻时，就分散活动；敌人零星人员外出时，就伏击捕杀。这样，敌人在淮河和运河南段盘踞了一个多月，差不多没有一天不遭受袭击。待情况发生有利的变化时，罗炳辉又适时集中力量反击，战斗二十四次，其中包括在六合县的八百里桥

▽ 1940年7月，新四军第五支队第八、十团营以上干部在北渡三河前，在天高县黎城镇（今江苏金湖县）与支队领导人罗炳辉（前左七）、周骏鸣（前八）、成钧（前九）、胡炜（前十一）、黄一平（后九）、饶守坤（后十三）、张劲夫（后十五）、郭述申（后十七）、赵启民（后十九）等合影。

和大英集歼灭了伪军两个营，共毙伤日伪军二百六十余名，生俘日军四名、伪军五百二十五名。此时，二师主力在路西反顽胜利，开始向路东地区转移，迫使冈村宁次仓皇结束了这次"扫荡"。

罗炳辉在长期的战斗环境里，由于过于劳累，患有高血压症，又没有较好的医疗条件，因而病情不断加剧，险些发生意外。正如他写的日记所记述的：

"……突于四月二十八日昏迷，人事不省。幸得戴济民医生跑四十里来抢救，又得（刘）顺元和方毅同志的关心照顾，方才脱离危险……"

日记所说的戴济民医生，就是新四军卫生部副部长，曾参加过二万五千里长征，外号叫"戴胡子"，医术高明，与罗炳辉交情很深。然而罗炳辉由于这次病情太重，虽休养了几个月，仍未见根本好转，行动时只能依靠担架。

1945 年 8 月 9 日夜，日本侵略者投降的消息传来，人们沉浸在欢乐之中。而罗炳辉由于血压过高，虽经医生治疗，但仍昏迷不醒。直到第二天他的神志稍清醒时，人们才把这个胜利的消息告诉他。

听到日本侵略者投降的消息，罗炳辉的精神好了很多。接着，人们把毛泽东主席发表的《对日寇的最后一战》的声明读给他，把朱德总司令向解放区军队发布的进军命令以及新四军军部的部署读给他。罗炳辉躺在床上仔细听过后，就和其他领导干部以及参谋人员，一起讨论受降的部署：罗在路东指挥四旅包围滁县，地方武装向就近的敌占城镇进击，谭震林政委在路西指挥五旅和三师第七旅一起进逼蚌埠，六旅向合肥和淮南煤矿进逼。

在讨论中，罗炳辉提议，由他带着部队到六合等地负责受降工作。大家都担心他的健康，都不同意他从病榻上起来去指挥战斗。然而他非常相信自己能到前线工作，语气坚定地说：

"我明天一定可以起床了！战斗是医治百病的良药。我的病总是一到战场就会好的！"

几天后，罗炳辉不顾病魔缠身，坐着担架，带着二师特务团向六合进发。

六合位于长江的北岸，离南京不到40公里，当时日军虽开赴南京集中，但伪军凭借着坚固的工事，妄图继续顽抗。罗炳辉指挥特务团和六合支队包围该城后，首先展开政治攻势，守城敌人顽固。从8月19日上午一直到下午5、6点钟，城内毫无动静。于是，以伪县政府为目标，打了两发炮弹，警告他们及早出城投降，使群众免遭战祸，队伍免受伤亡。但城内依然没有动静，罗炳辉决定在当夜3点发起总攻。由于部署周密，准备充分，只用一小时就攻入城内。拂晓前肃清残敌，共歼敌七百余人。罗炳辉到达城内观察时，群众虽不认识他，但由于他的威名早已远近传闻，当看到身材魁梧的指挥员出现时，都认定这就是罗炳辉将军，以敬佩的目光注视着他。

在这前后，罗炳辉指挥的部队先后解放了定远、来安、盱眙、天长等城。伪警卫第三师师长钟剑魂在新四军政治部敌工部和二师政治部敌工部的争取下，率部两千余人在六合县钟家集反正，参加了新四军的行列。

在淮南抗战的全过程中，新四军第二师及其前身部队共歼敌两万余人，主力发展到三万余人，组建地方武装一万多人，建立了十八个县级民主政权，拥有两万多平方公里的地区，人口约三百万。这是淮南军民在中国共产党的领导下浴血奋战的结果。而罗炳辉竭尽全力，为淮南抗战胜利和建设革命根据地所作出的贡献，淮南人民永远不会忘记。

→ 转战鲁南

★★★★★

（48—49岁）

抗日战争胜利后，针对国民党反动派伪装和平、积极准备发动全面内战的反革命策略，我党中央不得不决定以革命的两手对付反革命的两手。在政治斗争方面，同意成立张治中、周恩来、马歇尔的"三人军事小组"，在其下面设立"军调处执行部",派出小组监督停战协定的执行。在军事斗争方面,党中央在 9 月 19 日根据当时情况及力量对比,决定了全国解放军"向北发展,向南防御"的战略方针,具体的部署是:"发展东北,巩固华北,坚持华中。"

为执行这个战略部署,在山东的八路军——五师调到了东北,山东解放区由新四军接防。中央决定成立华东军区,下辖山东军区及华中军区。江南、华南的部队机关都撤到华东长江以北,以便缩短战线。新四军军长陈毅、副军长张云逸兼任山东军区的正副司令员。1946 年 5 月,中央军委又任命罗炳辉为新四军第二副军长兼山东军区副司令员。新四军主力整编为六个纵队及七个师,约十一万余人,地方武装三十多万人。

罗炳辉奉命率新四军第二师——整编后为二纵——从淮南军区出发,向山东南部的徐州东北地区集中。

罗炳辉尚在病中,他有时骑骡子,有时躺在担架上,从淮南军区司令部出发带着一个警卫连与主力部队一起北上。他和决定留在淮南军区任军区司令员的周骏鸣、任军区政委的肖望东等同志告别,他祝愿他们能胜利地坚持在淮南的斗争,他们祝愿他身体健康,北上后胜利完成任务。

罗炳辉在淮河南岸的蒋坝渡河,整个津浦路东的华中地区,敌伪都被肃清了,到处可以通行无阻。部队渡过淮河后,沿洪泽湖东岸向淮阴北上。

这时新四军军部命令二师部队迅速赶到鲁南接防。部队从陇海铁路东段的新安镇附近通过，到达鲁南的台儿庄、峄县一带。

蒋介石想打通徐州到济南的津浦铁路，以便分割我山东解放区。驻在青岛的美国海军，几乎天天派战斗机到新四军军部所在地临沂，作低空盘旋示威，并在临沂城内的大马路低空俯冲，威胁我军民，替蒋介石打气。美国海军飞机在公路上低飞到几乎接触到农田中的高粱秆堆尖。美国海军还想在我军已经解放了的烟台港口登陆，但被我方所制止。

在停战命令生效(1946年1月13日)以前，徐州和济南的蒋军分头出动，想抢占更多的据点，打通徐州到济南的铁路线及济南到青岛的胶济铁路线。新四军和山东军区的地方武装，针对蒋介石的内战罪行，从1945年10月到12月，发动了对徐

▽陈毅（右起）和项英、张云逸、罗炳辉在一起

州——济南的南北两头交通线的破击战，控制了徐州到济南之间三百多里的铁路线，切断了敌军在津浦铁路线的动脉。

罗炳辉率领二纵队，协助指挥徐州周围这次战役。这时，他的高血压病及胃病又加重了，陈毅、张云逸都劝他抽空休养。他在短时间的休息中登泰山游览，同时也考察这一带的地形。后来，由于陈毅代表华东军区参加"军调处执行部"派出的小组，张云逸到延安汇报工作，所以，鲁南前线指挥所的指挥任务，就更多地由罗炳辉来承担了。

→ 为国捐躯

★★★★★

（49岁）

罗炳辉被委任为新四军第二军副军长兼山东军区副司令员以后，他的工作更繁忙了。前线的部队要他去指导整训，敌情动态需要他亲临观察。他到各部队开干部会，找干部谈话、检阅、巡视前线的工事构筑，差不多没有休息的时间。在一个炎热的下午，他竟晕倒在汽车上。身边的同志都劝他回后方休养，特别是卫生部的医生，不断提出劝告。但那时的形势正日趋紧张，他又谢绝了同志们的善意建议。

毛泽东十分关心罗炳辉的健康，他在5月20日写信给罗炳辉说："你身体有病，望多休养。留得青山，是很要紧的。"朱德、康克清在6月5日也写信祝他身体健康并取得更大的胜利。在此期间，罗炳辉协助陈毅军长在峄县的前线指挥部及临沂军部，召开了两次师以上的高级干部会议。

根据党中央的统一部署，安排山东军区和华中军区的工作。为落实这些部署，特别是军事方面的部署，罗炳辉考虑了许多具体措施。他的高血压病、肠胃病都没有好，但他仍坚持在鲁南前线工作。

1946年6月，国民党反动政府在美帝国主义的支持下，利用和平停战的机会，不顾全国人民的和平愿望，秘密完成了发动全面内战的准备，指使其军队不断向解放区进攻。仅向华中、山东解放区进攻即达一千余次，被占的城镇三百余处。那些作恶多端的汉奸，被收编后升官加职，充当内战先锋，残害人民，制造了一起又一起的暴行。各地人民强烈要求八路军、新四军采取断然自卫手段，给盘踞在各地的伪军以有力的制裁。

当时盘踞在鲁南枣庄的伪军王继美部，被国民党收编，并派第十九集团军副参谋长王纲指挥，在 1 月 13 日停战协定生效前，正在被由皖江地区北调的新四军第七师的部队包围歼灭，猬集于中兴煤矿公司南大井据点内顽抗。当停战协定开始生效后，七师奉命停止了攻击。为了监督停战命令的执行，在北平军事调处执行部的协助下，由美方、国民党和共产党各派代表组成了驻枣庄二十二执行小组，中共代表为甘重斗。停战后，枣庄伪军故意违反停战协定，不断向驻枣庄的七师部队阵地骚扰。甘重斗代表多次提出质问、警告，王继美不仅毫无悔改之意，竟于 5 月 21 日指使伪军、特务百余人，将甘重斗和译员吴武汉殴打成重伤。

第二天，正在八师二十二团对部队讲话的罗炳辉接到陈毅军长发来的急电，告知甘重斗代表被打成重伤的消息，要他研究处理。罗炳辉对王继美部的罪行极为愤慨，决心予以严惩，立即动身，于当晚到达峄县山东野战军指挥部。

对于甘重斗被殴打的事件，山东野战军指挥部向国民党当局提出严重抗议，并致电北平军调部立即严惩凶手，解散伪军王继美的部队，制止一切违法的军事部署和军事进攻等。在这事件发生的第三天，即 5 月 23 日，七师政治委员曾希圣陪同枣庄执行小组美方代表梅西亚中校到达峄县，罗炳辉副军长以山东野战军指挥部负责人的名义接待，进一步表明了态度。同时，向国民党方面代表提出抗议，并提出严正的要求。罗炳辉本人 5 月 23 日的日记是这样记载的：

"曾希圣同志同枣庄小组梅西亚美国三人来峄县谈枣庄问题。

我提出：一、解散伪军；二、惩凶查出指使者；三、向小组和中共道歉；四、抚恤；五、进占我定远等城者退出；六、保证今后不再发生违法事件；七、如国方不愿，将提出执法，引起不良后果由国方负责。梅全接受，与国方代表谈，这是下午事……"

在这之后，北平军调部特派美方代表沙文上校到枣庄调查，并于 5 月 26 日赴临沂谒见陈毅军长，商谈解决甘重斗代表被打事件。然而，国民党方面对抗议置之不理，伪军王继美部变本加厉，还于 6 月 8 日下午施放毒瓦斯，使七师部队的七人中毒。

为了给国民党发动反革命内战者以迎头痛击，保卫和平，保卫解放区，在忍无可忍的情况下，罗炳辉下令于 6 月 9 日发起枣庄战斗。在战斗前，他召集参战部队领导干部开会，讨论了攻占枣庄的方案，又亲自率领团以上干部到枣庄观察敌情，具体研究进攻的道路和打法。参战部队指战员目睹伪军王继美部的罪行，斗志昂扬，决心为鲁南人民和甘重斗代表报仇。

6 月 9 日晚上 7 时，在罗炳辉的统一指挥下，七师第二十旅和第二十一旅一部，八师第二十三团和第二十二团一个营，同时向枣庄伪军王继美部盘踞的据点发起攻击。八师的部队首先突入，七师的部队接着也打了进去。伪军在猛烈的打击下，纷纷缴械投降。王继美率残部向南突围，途中被七师第十九旅消灭，王继美当场被打死。枣庄战斗胜利结束，伪军全部被歼，俘获国民党第十九集团军副参谋长王纲、专员鲍国良以下官兵三千三百余人，缴获轻重机枪九十五挺，山炮一门，迫击炮三门，小炮十一门，汽车五辆及大批战利品。

枣庄的解放，王继美被击毙，给徐州国民党军的进犯以当头一棒，使十万矿工及附近居民重见天日，广大人民欢欣鼓舞，庆祝胜利。

由于国民党当局还不知道王继美被消灭的消息，于是在6月10日上午两次派飞机来空投弹药，也被我作为战利品一一接收了。

枣庄战斗是罗炳辉征战32年，参加和指挥的数不清的战斗中的最后一仗。这一仗的胜利，实现了他重返前线前对家属和子女表示的意愿：

◁ 罗炳辉全家福

"我自从十六七岁离家以后，始终驰骋在战场上，为人民革命事业贡献了我的一切。我受党长期的培养和爱护，这次重上前线，为党为人民捐躯，也是完全值得的。……我毕生没有打过败仗，在我牺牲以前，我还要再打一个胜仗，作为我对党的最后的一个献礼。"

罗炳辉认识到斗争是艰巨的、长期的。6月14日，他就当时国内形势和解散伪军问题，回答了新华社记者的提问。他指出：和平民主团结，为我党中央在和平建国期间始终不变的方针。但是和平的道路是曲折的、有阻碍的、有困难的。主要原因是国民党反动派到处布置内战，阴谋发动向解放区全面进攻所造成的。他还说：这次枣庄伪军王继美部被我解除武装，国民党反动派也可能以此为借口向我进攻。所以，我解放区军民必须百倍警惕，注视反动派的动态，准备好自己的力量，为保卫解放区、保卫和平奋斗到底！

此时，罗炳辉得知国民党军第六十军第一八四师师长潘朔端率部于5月31日在辽宁海城起义，他为这支滇军部队获得新生而感到庆幸。罗炳辉出身于滇军，对云南人民及滇军的发展变化十分关心。于是，他立即亲手草拟贺电，并分函其云南故交。这也是他对滇军将士的热爱和留给故乡军民的遗嘱。

在这以后的几天，罗炳辉还强撑着病重的身体，召集七师、八师等干部研究了枣庄的善后工作，同山东野战军参谋长宋时轮研究了鲁南的战备工作。这时，国民党向解放区大举进攻的企图越来越明显，他请宋时轮参谋长于 17 日赴临沂向陈毅军长汇报，听取指示。这是他生前进行的最后的工作。

6 月 18 日后，血压很高的罗炳辉又患了肠胃炎，并发烧，虽经医生诊治，然而发烧退而复起，致使常常昏迷不醒。但高度的革命责任感驱使着他，只要醒了，他就要问："有电报来没有？""有什么消息？"直到第三天，他感到实在坚持不下去了，才决定回临沂治疗。他说：

"我这病几天好不了，打起仗来反而会成为前线的累赘，那就回后方去吧……"

6 月 21 日早饭后，罗炳辉由峄县山东野战军指挥部乘大卡车起程返回临沂，张凯副主任和一些部门同志负责送行。他躺在担架上，警卫人员和医务人员随车护送，由于道路不平，颠簸得厉害，车速慢，那样热的天气，在车棚子里透不过气来，罗炳辉有些受不了。中午到了今苍山县的兰陵镇，罗炳辉让车停下休息，要警卫员杜学华去买东西给驾驶员和大家吃。就在这时，罗炳辉的病情恶化，脑溢血突发昏迷不醒。陪同的医务人员立即就地抢救。杜学华跑到设在该镇的长途电话站，通过总机向峄县、临沂报告。当天上午刚到峄县的陈毅军长，接到报告一面指示继续抢救，一面带着山东野战军指挥部及第二纵队的领导同志，立即乘车赶赴现场探望，此时，罗炳辉还未停止呼吸。新四军卫生部副部长宫乃泉，从临沂骑着摩托车赶到兰陵参加抢救。但罗炳辉因脑溢血抢救无效，于当日下午5时在兰陵逝世，年仅49岁。

就这样，一生奋战在战场上的罗炳辉，最后病倒在抗日战争胜利不久的战场上，把他的一生献给了祖国和人民。

罗炳辉生前经常讲："人生最快慰的是真正勇敢地牺牲个人一切利益，最热诚努力地为民族独立、自由解放而斗争，尤其是要为劳动大众的解放和利益，以真理、正义、公道为人类的幸福而斗争。"

他是这样说的，也是这样做的。他保国护民奋斗了32年，直到生命的最后一息。他的一生，是革命的一生，战斗的一生。

△ 罗炳辉将军戎装照片

后 记

永远的丰碑

罗炳辉逝世的噩耗迅速传到了临沂。6月23日，中共中央华东局、新四军兼山东军区、山东省人民政府、前线、后方的部队和机关、群众团体，都举行了隆重的追悼会。

罗炳辉将军的老战友、新四军军长陈毅在追悼会上沉痛地说：

"罗炳辉同志的一生都贡献给人民，他为革命已经奋斗到最后一口气！他离开我们了，他把责任交给我们了！……拭干我们的眼泪，继承先烈未竟的革命事业，学习炳辉同志对党、对人民革命事业的坚定忠贞和不屈不挠、英勇顽强的战斗精神！"

陈毅还说："当此全面内战威胁极端严重的今天，当国民党反动派阴谋消灭我们的时候，我们谨在你墓前宣誓：我们誓必以解放战争的彻底胜利来纪念你……"

陈毅还挥毫写了《悼罗炳辉将军》的长诗，表达他当时沉痛的哀思。

罗炳辉将军去世后，他在临沂的坟墓都使敌人惶恐不安。1947年2月，我军从鲁南北上进行有名的莱芜战役，敌军进占临沂城，国民党反动派把罗炳辉将军的坟墓挖毁了；把罗将军的遗骨吊在树上打靶泄恨。但是，临沂的两位老人张大爷和卢大爷却冒险在夜间把罗将军的遗骨取下，转移地点埋藏在沂河边的沙滩上。

1948年9月我军反攻，解放山东省府济南后，临沂守敌仓皇弃城向徐州逃跑。华东军区派了特派代表张万和同志会同地方政府，重葬罗炳辉将军的遗骸，并在临沂烈士陵园内修建了罗炳辉将军的陵墓。

新四军军部、华东军区在重祭罗炳辉将军的灵堂中写的挽联是：

恨蒋匪，侮辱遗骸，千万军民齐愤慨

继遗志，全歼蒋贼，解放全国慰英灵

1950年，临沂烈士陵园内罗炳辉将军的陵墓又重新修建，并增修了罗炳辉将军纪念亭。纪念亭内有罗炳辉将军的石雕像，亭上有"瞻容思功"的匾额。

毛主席为烈士纪念塔题了字。党和国家其他领导人在罗炳辉将军的陵墓上题了光辉的悼念词句。

刘少奇的悼词是：

"志在革命，功在人民。"

周恩来的悼词是：

"人民的功臣罗炳辉同志不朽。"

朱德的悼词是：

"革命到底，死而后已；精神不死，万古长存。"

任弼时的悼词是：

"永垂不朽。"

陈毅的挽联是：

"为被压迫阶级争自由，剧战久经，到死不离民众；

当反革命势力已陨灭，丰碑特建，勒铭永记殊勋。"

罗炳辉将军未能在生前看到全国解放的伟大胜利，他过早地离开了人世。然而，他的名字却和中国人民解放斗争的各个历史阶段紧密结合在一起，他的革命精神永垂不朽！

1987年安徽省为纪念罗炳辉将军在皖抗战八年，在合肥市落成罗炳辉纪念铜像，刻有周恩来题词。

1989年，中央军委确定罗炳辉将军为中国人民解放军三十三位军事家之一。

1997年在纪念罗炳辉将军诞辰百年之际，时任中共中央总书记、国家主席、中央军委主席江泽民为云南省的罗炳辉纪念馆和纪念铜像题词"人民功臣罗炳辉将军"。

百年间风雷激荡，中华儿女不懈求索，百折不挠；六十载沧桑巨变，神州大地英雄辈出，群星灿烂。人民的功臣，民族的英雄，祖国和人民永远不会忘记他们。一个英雄就是一座爱国主义的不朽丰碑。他不朽的精神，就像一面旗帜，指引着中华儿女沿着中国特色社会主义道路阔步前进。